搭火车游欧洲

EXPLORE EUROPE →→→ BY TRAIN

许斐莉　墨刻编辑部◎编著　墨刻摄影组◎摄影

旅游教育出版社
Tourism Education Press

Hola! Bonjour! Buongiorno! Guten Tag!

—— 在此谨以欧洲各国的问候语向大家问安。

不过，“救人喔！”却是我在编辑此书时不断在心中呐喊的三个字！看官明察，欧洲铁路系统之繁与复，犹如建筑史上的巴洛克，层层环绕，丝丝相扣，想要抽丝剥茧理出头绪，委实不易。因此，在综合读者及各方旅游达人的意见后，为了不让读者阅读此书时也在心中呐喊“救人喔！”我们选择的是化繁为简的编辑方式，希望能达到“与其用详尽的信息淹没读者，不如奉之以清晰易懂的 know-how”的目的。

《搭火车游欧洲》是 MOOK《欧洲火车旅行 无师自通宝典》的更新版。我们试着将复杂的欧洲铁路系统简化为数项大原则，除了找来三位欧铁达人提供宝贵的实战经验之外，另特别针对入门者设计了浅显易懂的 Q & A 问答，以及可供新手及老手参考的建议路线与景点信息整理。

欧洲各国近年来纷纷针对旗下高铁系统进行扩建，包括法国 TGV、西班牙 AVE、意大利欧洲之星等，都有更新路线出现。比较可惜的是，东欧国家的铁路销售

许斐莉 摄

许斐莉 摄

许斐莉 摄

系统目前尚待与他国整合，因此，我们在卷四的景点的介绍上仍以欧铁发展较成熟的中、西欧国家为主；此外，考虑欧洲的非英语国家中，未必每个主要景点都附有英语官方网站，我们也特地从茫茫网海中寻得相关的英语网站，提供给读者参考。

若您能从本书取得欧铁 know-how，再搭配使用 MOOK 所出版的欧洲单国系列，“欧铁葵花宝典完整合体版”便可轻松入袋了。

最后，谨此特别感谢欧铁中国台湾地区总代理飞达旅游的孙淑美小姐，在编辑期间提供宝贵意见，并协助校订诸多信息！期待想要尝试以火车探索欧洲的旅游爱好者，在阅读过本书后，也能设计出自己独一无二的旅游行程。

祝您旅程愉快！Bon Voyage!

特约主编 许斐莉

CONTENTS 目录

搭火车游欧洲

EXPLORE EUROPE BY TRAIN

搭火车游欧洲

导读

本书以深入浅出的方式，介绍了庞杂的欧洲铁路系统，卷一到卷三综合分析了欧铁特色与适合的旅游族群，并以达人现身说法提供实战经验，以及将大众对欧铁及通行证的使用问题以问答方式加以剖析。卷四及卷五则针对入门者及进阶者的不同需要，提供了路线及规划行程的技术建议。

目录 CONTENTS

Part 4 p.42 新手入门篇 欧铁经典路线大进击

飞达旅游 提供

搭火车游欧洲 地图索引

搭火车游欧洲 图标注示

- 特色
- 注意事项
- 地址
- 电话
- 传真电话
- 网址
- 电子信箱
- 营业时间
- 休馆时间
- 最低消费
- 可或不可用信用卡
- 交通方式
- 所需时间

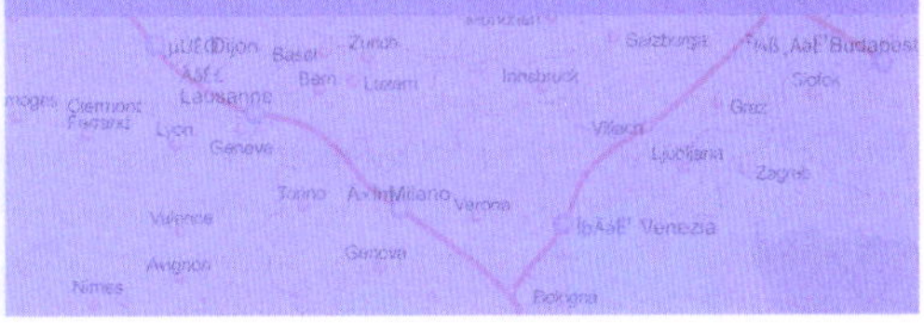

欧洲铁路地图

撰文◎许斐莉

飞达旅游 提供

欧洲绵密的铁路网，多数可利用单国或跨国火车通行证（联票）串联，特别是旅游条件极为成熟的西欧、中欧、南欧与北欧，皆发行单国、双国或区域性的通行证，可让游客通行无阻。

欧洲20国火车通行证所涵盖的国家包括：奥地利(列支敦士登)、荷兰、比利时、卢森堡、丹麦、芬兰、法国(摩纳哥)、德国、希腊、匈牙利、意大利、挪威、葡萄牙、爱尔兰、罗马尼亚、克罗地亚、斯洛文尼亚、西班牙、瑞典、瑞士等。（相关信息请见本书p. 187。）

东欧国家中的捷克与波兰不在适用范围内，但可持东欧5国的通行证前往，适用国家包括奥地利、捷克、匈牙利、波兰、斯洛伐克。（相关信息请见本书p. 187。）

旅游业起步较晚的巴尔干半岛国家，除了阿尔巴尼亚和马其顿之外，多数皆包括在20国或欧洲任选3到5国的通行证范围内。因此本地图特别将阿尔巴尼亚及马其顿以白色标示。游客也可持欧洲任选3到5国的通行证，探索巴尔干半岛的塞尔维亚（Serbia）及黑山（Montenegro）。

此外，一些难度较高的旅游国如克罗地亚、斯洛文尼亚、罗马尼亚、保加利亚、塞尔维亚、黑山等，也在欧洲任选3到5国的适用国家范围内。其中克罗地亚、斯洛文尼亚、罗马尼亚及希腊，都分别发行单国火车通行证。

特别注意的是，欧洲火车通行证每年所推出的票种会有程度不一的组合调整，开放给海外游客购买的票种也会随之更新。上述信息仅供参考。查询最新欧铁地图及相关信息可参考：

www.eurailgroup.com
www.eurailtravel.com
www.raileurope.cn
www.europerail.cn

搭火车游欧洲

EXPLORE EUROPE BY TRAIN

任何旅人都希望能摆脱集体旅游的束缚，以当地人的方法玩出原汁原味。

搭火车不但是很地道的欧洲人的玩法，也能让你深入大城小镇，感受当地风情。

Part 1

撰文◎许斐莉　摄影◎庄明颖

你也可以这样玩

用欧洲人的视野体验欧洲

就是爱火车

3大理由 让你爱上欧洲火车！

欧洲的大众交通运输系统那么发达，为何要独钟火车？且让我们给你无可抗拒的3大理由，让你迫不及待地想要踏上火车，探索欧洲！

火车是人们对远方梦土的期待，在世界各国的文化进程中，都代表了某种象征意义。在充满血腥、泪水与希望的美国西部，火车载满拓荒者的淘金梦，一路向西行；在寒冷的西伯利亚，《日瓦戈医生》留下属于大时代的悲壮恋情；而在欧洲，火车轻易地跨越了国界，缔造了属于西方特有的、文明国度里的游历世界的方式。

理由 1 看世界，欧洲青年的成年礼

1995年的电影《爱在黎明破晓时》（*Before Sunrise*）是你爱上欧洲火车的第一个理由。

电影里的女主角就像欧洲的任何年轻人一样，长大后就急着跳上列车去探索世界，仿佛那是一场不可或缺的成年仪式。来自法国的女主角朱莉·德尔佩（Julie Delpy）与美国影星伊森·霍克（Ethan Hawke）在火车上不期而遇，就这么天南地北地聊了起来，他们随意地上下火车，让你怀疑他们怎么从来不用买车票；他们从此城旅行到彼镇，聊芝麻小事无聊事，也聊灵魂转世之类的宗教哲学问题。

爱情的火花不小心擦亮他们最后的旅程，他们在维

也纳度过最后一夜，但在旅程的终点，他们竟然残酷地决定为他们的爱情进行一场世界上最严苛的试炼——让时间来决定一切。

由于这部电影实在是浪漫得太超现实了，令人荡气回肠的情节不但引起全球影迷的热烈讨论，就连中国台湾作家王文华也曾经在2001年推出的小说《61×57》中，安排男女主角针对“朱莉·德尔佩与伊森·霍克的最后一夜，究竟上床了没”进行大激辩。

美商华纳兄弟公司台湾家庭娱乐公司 提供

美商华纳兄弟公司台湾家庭娱乐公司 提供

不过导演最折磨全球影迷的是，男女主角在完全不联络的半年后到底能不能顺利重逢？半年，对年轻的生命而言实在太久了！而这个答案直到续集《爱在日落巴黎时》（*Before Sunset*）于2004年推出时，才总算给了影迷一个既满足又惆怅的交代。

达旅游 提供

在欧洲的火车站，的确可以看见许多年轻背包族，扛着又长又大的后背包旅行。那些席地而坐者、独自窝在角落阅读者、在车厢里交换陌生语言者……仿佛每个人都是朱莉·德尔佩，都是伊森·霍克，踏上列车之后，世界就这么自他们眼前展开，人生就此开始。

而你，也可以学他们重新开启你的世界之眼，用火车贴近当地风情、认识异国友人。

理由▶ 2

慢活游，从容享受乐活旅程

英国著名记者卡尔·欧诺黑于2005年推出《慢活》一书，大肆宣扬让生活slow down（慢下来）的种种好处。作者在书中提及，工业革命带来的好处是，人们善用了文明的便利与效率，让时间“多了出来”，可以多做许多事，但同时也成为时间的奴隶，在过大、过多野心的驱策下，生活变了调，健康也走了样。

回归到慢活或乐活的议题上，搭火车旅行也是让自己慢下来的方式。你不用急切地赶飞机，

飞达旅游 提供

让波音客机带你迅速地从东方抵达西方，你可以试着将脚步放慢，少带一点行李，从容地跳上火车，享受从甲地移动到乙地的缓慢与自在。

有的欧洲车厢甚至为乘客准备了优美的古典音乐，戴上耳机，在动人的旋律中坐看牧野景色自眼前掠过，那样的恬适与满足，是在飞机封闭的空间里摸黑看电影所无法体会的感动。

只要你愿意慢下来。

理由3 超自在，跨国验照不麻烦

跨国旅行，最麻烦的就是搭机通关所耗费的验证时间。特别是在一些欧洲主要大城市的机场，若你不是欧盟成员国成员，在通关上就得耗费许多时间排队，有时甚至会影响班机的衔接时间，或是预留了太多时间通关，最后只得在机场无奈地消磨时间，对旅行者的耐性是一大考验。

飞达旅游 提供

搭火车跨国旅行就没有这些麻烦事，若是搭头等舱跨夜旅行，有的列车长会在乘客上车时将护照收去，集中保管，让过境时乘客的睡眠不被打扰；而即使是必须自行保管证照，移民官也到车厢来检查证照，不需劳师动众。

这样的自在与悠闲，只有搭火车旅行才能体验得到。

心理测验

撰文◎许斐莉

你适合搭火车自助旅行吗？

你适合搭火车游欧洲吗？让我们来玩一个迷你心理测验，算算你的自主指数有多高，免得一出门成千古恨，从此恨上欧洲火车。

- 欢迎先来做做这个有趣的小测验，看看自己是不是天生注定适合搭火车出游！
- 请以圈圈或叉叉填写答案。切记！结果并不可耻，请诚实面对自己。

题号	题目	○	×
1	小时候妈妈叫你去副食店买酱油（或盐巴、味精），你常常停在半路看人家玩跳橡皮筋（或跳格子），忘了回家？		
2	你喜欢地理甚过历史或公民与道德，觉得那些地名遥远得好神秘，比那些作古的历史人物有趣多了？		
3	你一点也不怕跟陌生人讲话？不怕跟邻居微笑打招呼？有时候甚至可以与他们聊很久？		
4	你可以一个人在湖边或海边或山里，发呆或胡思乱想很久很久？没有人跟你说话也没关系？		
5	你出门旅行喜欢自己打包？绝对不会有把家当全带出门的搬家式行李？		
6	你对热狗、Pizza、汉堡包、三明治来者不拒？就算旅行7天不吃中国菜也没关系？		
7	你到哪儿都可以呼呼大睡，既不认床也不用带着家里的枕头旅行？		
8	你有时喜欢大声疾呼，有时喜欢安安静静，就是天生喜欢与众不同？		
9	你最讨厌跟团的上车睡觉下车方便，每站只能玩15分钟，连排队方便+拍照的时间都不够？		
10	从实招来，你是不是发生过导游带你到A商店购物，你偏偏溜到隔壁去比价的情形？		

圈圈0~3者：所谓“跟团不可耻，享受价更高”，自助旅行对你来说实在是麻烦又累人的事，你适合跟团旅行。

圈圈4~6者：你很有潜力成为背包族，现阶段可以从团体自助游（半自助）的方式开始体验欧洲，把胆子练大，再找三五同好一起出游吧！

圈圈7~9者：你已经是个背包客了吧？还不快快出门玩遍天下，还在这边做什么问卷？

圈圈10者：你是天生的游历者。在家里养只猫或狗吧，这样你下回出门后才会记得回家。

心理测验
趣味解析

做完了问卷调查，你服气了吗？还是很想来踢馆？没问题，以下的问卷题目解析包管让你心服口服。记住！人生不用太严肃，让我们以宽广的心拥抱全世界！

1 这道题目主要是测试你的好奇心指数，如果你走在路上容易被路边摊、电线杆或招牌吸引，一不小心就忘了干吗走这条路，那表示你是个心胸开放、对世界充满好奇的人。这样的人通常在跟团时会有一种不太能获得满足的小小惆怅，老是想往小巷子里钻，或者总是让领队找人找到快要心脏病发作。

2 通常喜欢地理的人，会在看地图时有一种莫名其妙的好感，有时会看着看着就编织起自己的旅行大梦来。许多背包客都很会看地图，地图也很会看他，相看两不厌。

3 跟陌生人讲话是一种开放性格的表现，当然也有那种为了寻找孤独的况味而浪迹天涯的旅人，但那毕竟是少数。如果你平常跟邮差、邻居都可以聊上两句，那表示你在国外闯荡时也不会有认生的问题；更何况许多到处行走的背包客都是讲得一口烂英语，人与人之间的沟通不在文字或语言本身，而是态度。这种人若自助搭火车游欧洲，通常都能一路平安，逢凶化吉。

4 偶尔搞自闭的人，表示他不畏于与自己独处。一位法国哲人曾说，所有人类的问题，都在于他们无法独自一人在房间内与自己相处。你无法否认，旅行是与自己对话的最佳时机，不论你跟多少人一起闯天涯，可以自己独处的人才是真正的勇者。

5 出门玩，打包行李是件学问。有人说恋家的巨蟹座打包行李最痛苦，恨不得把背上的壳一路扛着走；也有人说什么都可以适应舶来品，但就是无法调整自己对陌生牙膏味道的接受度，或是肩颈与枕头的媒合度。愈有经验的旅者，愈懂得对症治自己的习性，愈能与轻巧无碍的行李和平共处。而这对适合潇洒搭火车探世界的人来说，很重要。

6 中国菜是许多旅人的最爱，就像韩国人出门不可一日无泡菜，许多背包客的行李箱里也少不了泡面，说明了味蕾也可以是一种乡愁。这就是为什么任何旅行团到了国外，即使是再怎么标榜多么地道、多么有异国风味的体验行程，还是得安排最少一餐的中国菜，抚慰众人味蕾的乡愁。如果有一天你连味觉的执著都可以放下，天涯海角还有哪里是你去不了的地方？

7 这是真人真事！就像小婴孩每天一定要吸吮自己的婴儿毯才能入睡，也有中年人出门得带自己的枕头才安心。这无关对错，只是能够测试出你适应环境的能力——特别是认床这件事，在奔波的旅程中具有关键性的影响。

8 关于自主性这一回事儿，在群体生活中是不好掌握分寸的事，有时服从是一种美德，有时特立独行又能为群众带来乐趣。不过，通常太喜欢随自己意思活动的人会在集体活动中为自己和他人带来不同程度的困扰，除非旅伴们伸开双臂绝对包容你，否则还是及早训练自己自助旅行得好。

9 为何每站只能玩15分钟？为何你只是在集合时间稍微迟到几分钟就成为众矢之的？如果你有过类似的经验，那证明了你真的不适合跟团。

10 精明的中国人，摸清楚旅行社的赚钱手法后，总有对治之道。很多跟团的人到最后买了一堆东西，因为“大家都在买”、“不买对领队不好意思”或“反正本来就得买欧米茄”；但就有人天生具冒险精神，喜欢自己开拓购物网。不过，告诉你！旅行社其实比你更聪明，为了对付老爱跑到隔壁shopping的客人，那一整排店早就被他们给特约下来啦！

搭火车游欧洲

EXPLORE EUROPE BY TRAIN

欧洲那么远，还有英、法、德、意、西等多国语言，搭一趟火车玩跨国还不得比手画脚?

别担心，肢体语言很够用！还有“前赴后继”的旅游前辈在网络上谆谆教诲，出一趟远门不必胆战心惊！

先读读这篇最常遇到的20个大问题，保证让你吃下定心丸，信心满满准备出发！

Part 2

撰文◎许斐莉　摄影◎飞达旅游提供

打破沙锅问到底

最常遇到的欧洲火车问题

飞达旅游 提供

飞达旅游 提供

欧洲火车：怎样体验最聪明？

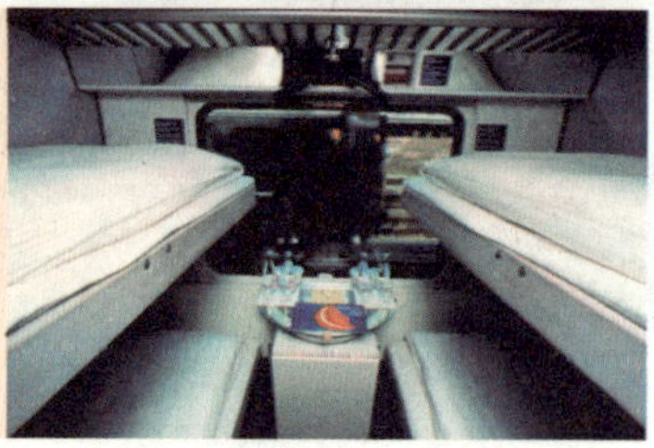

飞达旅游 提供

Q 目前欧洲的铁路系统总共涵盖几国？

A 欧洲铁路系统随着欧盟的扩大，涵盖的国家也相当多，包括英国、欧陆及斯堪的纳维亚半岛等欧洲国家共28国，网络与班次皆绵密。

Q 搭火车跨境旅行时，该如何处理通关验证的问题？

A 搭火车游欧洲，基本上不会像搭飞机旅行那样，得面对排队通关的麻烦，在穿越国与国之间的边境时，会有移民官在车厢里逐一验照。您只需要备齐护照及签证，就能安心面对验照状况。

Q 欧洲火车的设备如何？

A 欧洲火车已行之有年，通常以西欧国家来说，火车上设施完备。车厢除了分舱等之外，并设有餐车等服务车厢，可以让您吃点心或享用饮料。有的欧铁还会为贵宾准备铁路休息室，供持有通行证的旅客使用。

Q 我若想在火车上过夜，该如何选择卧铺？对单身女生来说，安全吗？

A 卧铺有硬式（Couchettes）和软式（Sleeper）之分，通常硬式卧铺较便宜，每人€15~69，法国的火车几乎都是这种，缺点是男女混合，女性旅者若独自旅行，在睡觉时宜提高警觉，并着白天的服装以便于行动；若有旅伴，可考虑在预算许可的情况下包下整个车厢，即可杜绝闲杂人等的半夜入侵。软式卧铺则为男女分开的车厢，每人€30~197不等。

卧铺依照舱等而有大小不一的空间，头等舱有四个开放床铺，二等舱则为四到六个。车厢内备有床单、毛毯及枕头。强烈建议游客最好能提前预约。另有一种可倾斜的座位（Reclining Seat），每人€15起。

Q 请问在火车上可以洗澡吗？

A 火车上的盥洗设备较简单，多数西欧的火车里也会有淋浴间，由于是公共空间，建议想要在火车上洗澡的游客，要带齐个人卫生用品如拖鞋、毛巾、香皂等。

Q 若是第一次搭欧洲火车旅行，应该注意哪些事？

A 您必须要随身携带个人证件和火车票，并且谨记不可遗失火车票。为了将火车票的有效期及套票价格特性发挥到最好，一定要规划好行程，以免届时发现套票有效期不够久或是段数不够，还得再花钱购票。

Q 我想尝试搭火车游欧洲，请问背包客或半自助者适合走哪几条路线？

A 建议您选择以单国方式体验搭火车行走的乐趣，像法国、荷兰等旅游信息发达的西欧国家，都很适合。

随身行李：怎样才不费力？

飞达旅游 提供

飞达旅游 提供

Q 国际油价飙涨，现在在欧洲搭火车有行李件数及重量的限制吗？

A 没有。在欧洲搭火车并没有行李重量的规格或重量要求，也不需要经过行李查验，但建议您选择轻巧的行李上路，特别是某些6人座的卧铺，车厢空间较小，轻巧的行李会减轻您许多负担。

Q 在火车上过夜时，我的行李可以放哪里？

A 一般车厢座位的上方都有行李架，车厢后方也有行李放置空

飞达旅游 提供

间，但通常火车公司都不承担行李遗失的责任，若不放心的话，最好能选择车厢空间较大者，或是将贵重物品以小包装方式随身携带，点对点之间用不上的行李则寄放在火车站的行李寄存中心或寄物柜里。

Q 火车站可以寄放行李吗？

A 欧洲的一些主要火车站多设有行李寄存的办公室，或是投币式的寄物柜。建议您多带几个尺寸不同、可收折的行李袋，利于弹性处理您的行李，才不会受到行李的拖累，影响行程的自由度。

通行证：怎样用才划算？

飞达旅游 提供

Q 请问通行证是什么？

A 欧铁通行证（Eurail Pass）是一种火车套票，有单国或多国多达20种以上的组合，通常在出票后半年内有效，可让游客在一次的行程中体验欧洲的高速火车、快速火车、当地火车及景观列车。

通行证还分成“弹性通行证”（Flexi）及“连续通行证”（Consetutive）两种，前者可在固定有效期内任选数天无限制搭乘火车，如Eurail Select、Reginal 及One Country Pass等票种，不论是单国或多国都发行通行证；后者则可在通行证有效期间内连续数天搭乘火车，例如瑞士、英国分别都发行这种票种，而通行20国的Eurail Global Pass则是两种票种都有。

Q 搭火车游欧洲是不是得花很多钱？预算该怎么做？我该如何判断自己的这趟旅行适不适合使用通行证？分段买还是用通行证比较好？

A 它比搭欧洲内陆线便宜，也比搭巴士更具机动性、停点也较多。最聪明的省钱方式是，利用火车做点与点之间的夜间移动。若是无法拿定主意该分段买票或购买通行证，可思考是否需要使用两段以上的火车，再根据通行证的可使用天数算出每天的票价，两者加以比较，即可得知何者较划算。通常英、法、德、瑞的火车票价较高，买通行证会比较划算。

Q 通行证还有什么相关优惠吗？

A 持有通行证可以享受的优惠除了包括渡轮、巴士、民营铁路等交通工具的折扣之外，还有特约博物馆门票、特约住宿点等优惠，内容视所持票种及票种所通行国家而定，在购票时即可查询。《Eurail游客

飞达旅游 提供

飞达旅游 提供

指南》中载明了适用于欧洲各国的所有附加优惠，可上网查询（www.eurailgroup.com 或 www.eurailtravel.com）。

Q 通行证非在国内事先购买才行吗？我能不能等到欧洲后再买？两者有价差吗？

A 您可在国内或是当地开票，但在国内开票可免除排队之苦及语言沟通的问题，在海外开票通常会因为便宜票种已被订光，而不得不买比较贵的舱等。另外，目前有不少欧洲火车通票只是针对欧洲以外的旅行者，只在欧洲境外销售。比如，欧洲18国通票（Eurail Pass），在欧洲境内各国并不销售，国内旅行者只能在国内购买或预订此种火车票。与欧洲境内销售的类似通票相比，这种海外销售的火车通票通常要相对便宜10%左右。

国内欧洲火车票的出票及预订系统与欧洲铁路集团公司联网，票种、票价等信息准确。国内购买或预订欧洲火车票非常方便，现场可打票、取票；目前还开通了网上实时查询、预订、支付功能，并有邮寄业务。

相关信息可登录以下网站查询：

- www.raileurope.cn
- www.europerail.cn

Q 听说出票时还需要缴额外的税金或手续费？

A 是的，不论在国内或欧洲出火车票或通行证，都须缴出票手续费及订位费。以在国内出票来说，手续费每张/人客票€3，而订位费则是普通舱€9

飞达旅游 提供

飞达旅游 提供

RAIL EUROPE
GERMAN RAIL PASS
CIV No. 67737848*A
125
21 Apr 2008
Issuing Stamp
Valid: Any 4 days in 1 Month 1st Class Adult
Name: MS HUIFANG HUANG
Country of Residence: CHINA
Passport #:
Signature:
First Day Day Month Year
Last Day Day Month Year
Day: 1 2 3 4
Mth:
MUST BE VALIDATED BEFORE 21 Oct 2008
Validating Stamp
EUR 225.00
62584507

EuRail
EURAIL SELECT PASS 3 COUNTRIES
Valid in BENELUX - FRANCE - GERMANY
CIV No. 67769174*A
125
23 Apr 2008
Issuing Stamp
Valid: 10 Days within 2 Months 1st Class Adult
Name: MS SHULING CHEN
Country of Residence: CHINA
Passport #:
First Day Day Month Year
Last Day Day Month Year
Day: 1 2 3 4 5 6 7 8 9 10
Mth:
MUST BE VALIDATED BEFORE 23 Oct 2008
Validating Stamp
EUR 487.00
This coupon is only valid with Eurail cover and your passport. Please see Conditions of Use
62584671

起。若是凭通行证加买高速火车票，头等舱订位费€9～15；单买者，手续费视路段长短及舱等而定。此外，出票时所付的费用不包含旅行平安保险。

Q 若使用通行证，必须事先订位吗？若需要，会影响我的行程自由度吗？

A 若您旅行的时间适逢欧洲的旅游旺季、周末或大假期（如复活节、圣诞节等），那么出票时就会要求您强制订位，欧洲各国的高速火车几乎都会要求乘客事先订位，才能出票，但德国例外。

Q 通行证的有效期该怎么算？

A 每张通行证的有效期都不同，因此您必须在出发前进行缜密地推算，免得到时候发现不够用！举例来说，若您所持的通行证为法国火车通行证，有效期10天、可用3段的话，就从您开始坐的第一段算起10天内有效，若您第一段是从巴黎搭车前往马赛，车次是上午9:00，那么在第10天的上午9:00前都算有效。

Q 欧洲火车票有没有早鸟优惠（Early bird）或最后抢购票（Last-minute ticket）等便宜可捡?

A 通行证全年票价虽然相同，但欧洲各国的火车系统都有出发前14天预购的早鸟优惠价，可享6.5~7.5折。每年1到3月，还有针对欧洲任选3到5国的通行证优惠促销，早鸟可享多一天的使用权，有效期适用到暑假期间，很划算。淡季期间偶尔会有单国青年票的不定期促销，不妨多加留意。

对国际游客来说，并没有最后抢购的票种可选择，若想冒险捡便宜或是在行程非常弹性的情况下，或许可以等到当地时再试一试，但建议您最好事先推算好各种可能性。

Q 万一车票丢了怎么办?

A 只能再买一张。如果通票丢失、被盗，部分使用将不可以退票或补办。完全未使用的票证按照票面价格的85%办理退票。

交通换乘

Q 通常在欧洲大城，从国际机场到火车站之间的交通换乘情况如何?

A 目前从国内前往欧洲的直飞点不少，如巴黎、阿姆斯特丹、法兰克福、罗马、维也纳等，其中从机场换乘至火车站的交通系统中，最为便捷的是阿姆斯特丹，在史基浦机场出境楼层的下方就是火车站，可通往阿姆斯特丹中央火车站Central、荷兰各城及比利时等欧洲各城。

法兰克福的机场火车站位于第一航厦（T1）的对面,由此可通往法兰克福市区火车总站（Frankfurt Hauptbahnhof，缩写Hbf）以及德国各城、荷兰、比利时、瑞士、奥地利、匈牙利等国。

从维也纳的Schwechat国际机场地下二楼车站搭快速电车（ S Bahn），可通往维也纳中央车站及北站（Wien-Mitte/ Wien-Nord）。或机场快捷（City Airport Train , CAT）直达维也纳中央车站。

从罗马达·芬奇（Leonardo da Vinci Fiumicino）国际机场车站可搭乘直达快车Leonard Express前往罗马市区的Termini火车站，也可搭乘一般区域火车FM1前往市区的另一火车站Tiburtina。

飞达旅游 提供

达人版

这真是太神奇了！中国台湾人不但吃透透，连世界也是走透透。

勇夺环游世界行程设计比赛冠军的余俐臻，搭火车游欧洲7个月花了不到3万元人民币！

资深座舱长邹香华不爱飞机爱火车，自组友好团玩遍欧洲德语系国家！

还有欧铁产品达人陶长美，就爱带火车半自助团，陪中国台湾客踏出勇敢的第一步！

且看他们如何勇闯欧洲江湖，用火车写旅游日记。

余俐臻 提供

邹香华 提供

陶长美 提供

Part 3

撰文◎许斐莉　图片提供◎余俐臻、邹香华、陶长美

武功秘籍大公开

三大达人勇闯欧洲江湖

欧铁达人1号 余俐臻

小档案

年龄 30岁 **血型** O型 **星座** 白羊座 **职业** 保险从业人员
旅游经历 星空联盟环游世界梦想计划比赛第一名

4张通行证 7个月玩遍欧洲19国101城

采访、撰文◎许斐莉 图片提供◎余俐臻

她并不小气，但在9个月的环游世界之旅中，总共只花了5000欧元！其中的7个月，她靠着4张欧铁通行证四处闯荡，住宿费花了不到300美元！她是怎么办到的？且看欧铁达人余俐臻如何规划她的预算之旅。

在得知余俐臻环游世界9个月只花5000欧元时，我的第一个反应是：这人平常一定很节省。不料她的答案是：“并没有！我回台湾之后就很会乱花钱。”

这小妮子2006年跟朋友联袂参加“星空联盟”（Star Alliance）的“环游世界梦想计划比赛”，从100组参赛者中脱颖而出，拔得头筹；2007年研究生毕业后，便与朋友展开实战之旅，完全照着自己得奖的行程走。一开始时，两人各自的预算是8 000欧元，没想到一路省吃俭用下来只花了5000欧元！让自己也跌破眼镜。

在这9个月中，两人只在美加地区停留一个半月、在俄罗斯及埃及晃荡了半个月，剩下的7个月都在欧洲搭火车四处玩，最后的记录是闯荡了世界25国（含欧洲19国）、116个城市，欧铁通行证只用了4张，只花了不到2000元人民币的住宿费！

交换沙发
省吃省住7个月

想要在欧洲玩7个月，光是打理住宿问题就令人头痛。但余俐臻与旅伴很聪明，她们使用的是两个“交换沙发”的网络会员计划——在CouchSurfing（www.couchsurfing.com）及Hospitality Club（www.hospitalityclub.org）免费注册，即可享有与全球网络会员免费交换住宿的好处。

这样的好处不单单是住宿免费，也比住在青年旅舍更能认识当地人，“更何况每一位host（接待主人）都是一本书，你根本不需要带着guide book旅行，想去哪儿问他们就好。”因此，她们即使玩遍欧洲也完全不需要扛着好几本旅游书上路；还能在host的指路下吃到当地既便宜又美味的小吃。

不过，交换沙发也有遇到坏人的风险，比方说，她们曾在捷克怀疑相机被host摸走，隔天只好快闪；另一次，是在法国南部

遇到自称是“天体营爱好者”的怪叔叔host，对方在接待她们时图谋不轨，幸好两人立刻摆出凶脸，才能当下快闪成功。

此外，省住宿费的另一方式是，善用欧铁通行证的夜车规则，在前一晚搭晚上7:00后的夜车，隔天凌晨抵达后再找落脚处，且当天还可再使用通行证移动，既不浪费火车票，又能省下住宿费。“为了省钱我们不买卧铺，反正火车座位都蛮好睡的。”

爱乱走的人 通行证才搞得定

许多背包客天生特立独行，就是不爱事先规划好行程，余俐臻也是，她发现搭巴士得事先订票，而且停点不多；长期旅行搭欧陆飞机又太贵，因而选择网络密集、又不像机票更改时间很麻烦的火车。

不过，背包客如何判断该买通行证还是分段购票才划算？自己的行程到底适不适合买通行证？余俐臻提供以下几个大原则：

比价算清楚：比较你行程中某一段两城之间的火车票价与通行证可用天数的平均票价，若前者高于后者，那么买通行证就比较划算。例如，两个月任选15天的通行证售价665欧元，除以15天平均一天票价44欧元，而余下的行程中，光是从汉堡到哥本哈根的火车票就要150欧元，这样当然是买通行证才划算。

此外，若你的旅游计划时间较短且都是去大城市，那么点与点之间买廉价机票较划算；反之若天数长且集中在特定地区、并以同一点进出，则宜搭配使用欧铁通行证。

移动有技巧：通行证的使用天数中，每一天的算法是以出票当日至午夜12:00有效，也就是说，若你在早上7:00坐上车，到午夜12:00前都可以无限制搭乘火车。利用此特性，可以将数个邻近的小城规划在一天之内一起玩。

余俐臻 提供

余俐臻 提供

优惠记得用：通行证的相关优惠视票种而定，但好处都非常多。一般背包客较少知道的包括：持证可免费搭巴黎往近郊的火车abc等线、德国的S-Bahn、丹麦的S-Train、瑞士单国通行证可免费参观400多家博物馆等。

余俐臻 提供

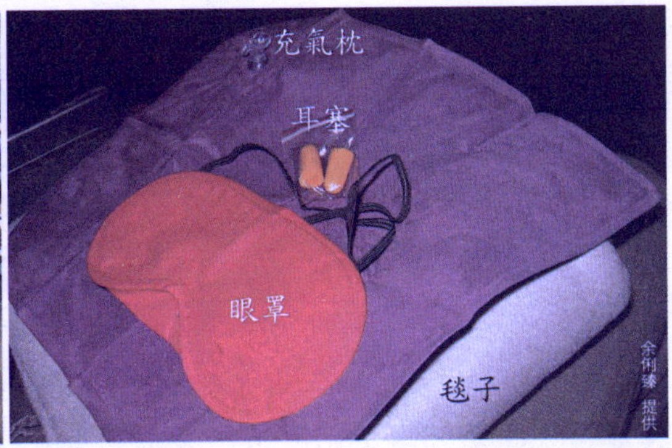

余俐臻 提供

余俐臻强烈推荐北欧的头等舱通行证，可免费搭乘豪华游轮四人房，超划算。

余俐臻的7个月欧铁之旅已经让她玩上瘾，她迄今仍念念不忘德铁的超精准风格，“德铁网站几乎可查欧洲所有火车的车次，连火车站到市区的步行、巴士时间都算得超精准。”而丹麦火车的头等舱待遇超优，不但供早餐，旅途中还有免费茶点送至包厢；挪威则很贴心，搭夜车的头等舱乘客可以拿到像飞机上一样的过夜包。

在19个欧洲国家中，她最喜欢挪威，“那是个未过度开发、充满天然恩赐的国家，人民和善、男女平等、

环游欧洲预算表

花费项目	余俐臻2007年的花费		你今年的预算
环球机票	得奖奖品，由星空联盟赞助，更改日期不收费之票种	约6400元人民币（含中奖税及机场税等）	环球机票的年票有29 000英里、34 000英里及39 000英里三种，经济舱票价约从27 000元人民币起
欧铁车票	1）18国2个月内任选15天之头等舱通行证两张，由飞达赞助	0元	最新票种为20国2个月任选15天，26岁以上须购头等舱，票价€781
	2）意大利、希腊两国二等舱通行证2个月任选8天	约2500元人民币	二等舱无年龄限制，头等舱同行票€352，二等舱同行票€240
	3）瑞士单国二等舱通行证1个月任选3天	约1160元人民币	头等舱同行票€247，二等舱同行票€165
当地交通费	公交车、地铁、机票、船票等	约12 000元人民币	比照办理
住宿	住“交换沙发”host家或睡火车、机场、船上，在欧洲只住了两晚青年旅馆	约210元人民币	比照办理
食	1）与“交换沙发”host交换异国料理 2）在host家自行开伙 3）与旅伴对分三明治·	约3050元人民币	比照办理
签证费	申根+英国签证	约1060元人民币	约1060元人民币
杂支	购买门票、欧米茄等小败家费用	约3170元人民币	比照办理
小计		约29 500元人民币	约60 000元人民币

＊签证费用视欧元汇率调整。
数据提供/余俐臻、飞达旅运

余俐臻 提供

社会福利又好。”就连火车都有儿童专属车厢，让父母可以在隔壁车厢安心看着小朋友玩乐、自己又能享受悠闲时光，别的乘客也不会受到干扰。

余俐臻接下来打算将她的环游世界经历集结成书，欢迎背包客上她的博客分享旅游经验。

余俐臻 提供

欧铁达人2号 **邹香华**

小档案

年龄 30岁 **血型** B型 **星座** 射手座 **职业** 航空公司座舱长 **旅游经历** 欧游次数多达40~50次，所有的青春都献给了德国南部，足迹遍及阿尔卑斯山欧洲5国，包括德国南部、意大利北部、奥地利西部、法国东部、瑞士等

著作 与太太陈秀玲合著《巴伐利亚黑林山——德国南部纪行》

资深座舱长 不爱飞机爱火车

采访、撰文◎许斐莉 图片提供◎邹香华

他在航空公司飞了二十几年，老觉得飞机像部队里的“禁闭室”，于是爱上了用火车深入欧洲大城小镇的旅游方式，从此以后年年自组亲友团向欧洲报到，说他对欧洲一往情深、无可自拔，一点也不夸张。

邹香华 提供

邹香华和老婆陈秀玲在同一家航空公司上班，两人都在空勤部门服务多年，平常跟着飞机飞来飞去还不够，他们连休假都还要到欧洲报到，不玩个十天半个月不过瘾。问他们到底算不算“背包客”，两人得出的最后结论是——他们是有点年纪的“资深背包客”，因为他们已经远离住青年旅舍的贫穷年代，但依旧怀有勇于冒险的精神，即使进行的是壮年之旅，还是很会呼朋引伴精打细算。这种介于青春之旅和银发团体游之间的形态，可能以“资深背包客”来形容比较适合。

邹香华 提供

那可不？温文尔雅的邹香华，和直来直往的老婆一搭一唱，竟然玩出心得，不但在公司创立了“旅游社”，掀起一阵tailor-made团体游欧的热潮，还出了本德国游记。问他真的不喜欢搭飞机行走吗？他的回答是：“飞机客舱好像部队里的禁闭室，长途飞行下来让人闷得发慌，加上欧洲各国彼此间火车网络连接是这么的发达，单国或跨国旅行搭乘舒适快捷的火车是一件赏心悦目又最没有约束感的交通工具。”

德国乘客启蒙 欧铁之旅

邹香华 提供

邹香华的欧铁之旅其实是受到一位德国乘客的启蒙。话说，当年他在公司某欧洲航点工作时，到德国玩了很多天，但总觉得少了些什么，于是回程时便与一位德国乘客聊了起来，“你觉得德国哪里看得到真正美的大山大水？而不是一般人知道的那种旅游景点？”邹香华的问题换来的是德国佬的一串德文，“老天！听都没听过。”这一查还得了！原来这个叫Garmisch-Partenkirchen的德国南部的双子镇，就是德国最高峰楚格峰所在地，而且还被遴选为“欧洲五国阿尔卑斯山12大最佳旅游地”，而且是德国唯一入选者。这么大名鼎鼎，他竟然不知道。

于是，邹氏夫妇冒险决定搭火车一探究竟，他们后来买了通行证从法兰克福出发，一路辗转去找这双子镇，又搭了登山小火车上楚格峰，最后发现德国佬口中描述的“可以在一片云海中眺望阿尔卑斯山群”的说法真的一点也不假！再者，原来搭火车时沿路都有那么多可爱的小镇可看，从此爱上火车之旅。

德国铁路 精准得令人赞叹

邹氏夫妇之所以对德语国家一往情深，端赖德铁之赐。德铁以准时著称，所有的信息清清楚楚，一目了然，对自助旅行的人是既贴心又便利。

德国人的守秩序也让他们的火车之旅大开眼界，“德国人到站前10分钟就会站在车门口排队准备下车。”此外，就算双人座的隔壁没人坐，摆了包包，德国人也会在你需要入座时将包包拿开，而不会若无其事地占着两个座位。这些在中国人眼里看起来有点傻乎乎的行为，其实是很好的道德教育。

也由于德铁的准时与高效率，邹香华强烈建议入门的背包客从德国开始玩起，再旁及其他如瑞士、奥地利及意大利北部等德语区。

邹香华 提供

邹香华 提供

邹香华 提供

他最常使用的是以当地的“邦票”火车票搭配通行证，“要先了解当地的地理环境和季节，想好你想玩的地方，再去找票，而不是就票去规划行程，全程都用Pass（通行证）。”

例如，可用法兰克福所在地的邦票去玩莱茵河，五人合购的二等舱团体票一张才二三十欧元，凭邦票还可以免费搭邦内的巴士、地铁S-Bahn、当地慢速火车（RB）及当地快速火车（RE）等；若是17天的行程，其中的4～5天的行程用通行证做大点之间的移动，就是非常经济实惠的玩法。

意大利火车
超级随性

邹香华 提供

在意大利搭火车的经验也很考验他们，比方说，到底在几号月台上车，电子广告牌可能迟至开车前两分钟才显示出来；火车站购票处大排长龙的队伍好像永远没动静，等到快排到时可能办事员就把窗口一关吃饭去了；火车也常会晚点（delay）或取消，变数不小。

因此邹香华建议，若想挑战意大利，至少得准备半小时转车；火车票也最好买通行证，比较有弹性。为了避免到现场大排长龙，票在中国国内先买好是比较聪明的做法。剩下来的，就是学学意大利人的随性，凡事别太计较了！

邹香华 提供

邹香华 提供

邹香华 提供

邹香华 提供

邹香华 提供

资深背包族
做预算有一套

即使已资深到不住青年旅舍，邹氏夫妇的口袋里也有好几套省钱妙招，可供不想玩得太辛苦的人参考。

住宿： 德国的家庭旅馆一晚每人€25~40，另有一种独立式公寓，若住7天以上，一个家庭包一层，一天平均才€50~60，又可以自己开伙，再搭火车定点游周边城镇，很适合家庭或小团体使用。

此外，德铁的特约饭店intercity hotel一晚€40~50，地理位置都在火车站附近，很方便，可通过德铁的网站订房，有时还会送市区的地铁票，让你免费搭巴士跟电车。但逢德国商展期间房价会涨3倍，最好愈早安排愈好。

食费： 晚餐每人€20就算很奢侈了，中午随便吃就好。有些意大利的小镇比萨（Pizza）、Spaghetti都很便宜，有时€5就可打发掉一餐。

搭火车过夜：由于通行证的卧铺搭一晚得用掉两格（两天），因此可以买座位可倾斜（Reclining Seat）的票种，6人一房限同性别，无门禁，但要注意财物；或是包下头等舱的车厢，有安全锁，对安全较有保障。

善用火车票相关优惠：不论是单国或两国的通行证都有一些免费的好处，像可以免费搭莱茵河游船，想搭登山小火车，也只需在购票时出示有效的通行证，就可享有折扣等，出发前搞清楚，就可省下一笔开销。

依照上述原则，若在淡季时出游，单国两周，买二等舱的火车票、住三星级以下饭店，费用为人民币1.8万~2万元。

搭火车玩的魅力到底何在？邹香华想了一下，突然想起一回在德国开往奥地利的火车上，被对面织毛衣的老太太问了一个脑筋急转弯的问题：“请问德国牛的特色？”他答：“乳牛不都是黑白相间吗？”老太太放下毛线，指指窗外：“咱们德国的牛可都是棕色配白色，黑白牛是荷兰种的。”他一路求证，发现还真的没错！

搭火车当然未必得调查欧洲各国的乳牛颜色，但至少通过和当地人的互动，就是一种令人难忘的文化交流，这也是求快的超音速旅人所无法体会的人生体验吧！

欧铁达人3号 **陶长美**

小档案

年龄 30岁 **血型** O型 **星座** 狮子座
旅游经历 入行14年，曾任飞达旅运火车产品经理，现任时报旅行社玩家带路领队
擅长外语 英语，略通德、法语

火车团领队 满足成人的远足梦

采访、撰文◎许斐莉 图片提供◎陶长美

小时候的旅行叫远足，出门前几天就要去商店买足各种食品，长大后的远足被叫做旅行，但你真的不想乖乖从头跟到尾。于是陶长美扮演起许多成人旅者追梦的推手角色，带人搭火车享受团体半自助游的自主和叛逆，满足这种有点麻烦又不会太麻烦的成人远足梦。

陶长美 提供

看起来有点严肃的Vickie陶长美，这几年的人生变化很大。她辞掉旅行社的工作去念书，念的还是跟老本行不太搭界的西洋美术史，然后迅速结婚生子，又回到老本行操作起欧洲火车团体半自助游。讲起欧洲火车，她的狮子座特性表露无遗，非常权威地一一分析欧洲各国火车的特性，不难想象她带团时的用心与认真。

“欧铁Pass看起来好像很复杂，其实实际使用时很轻松方便。”Vickie说，这五六年来，中国台湾的欧洲旅行团很流行搭一两段火车，像德国的ICE高速火车、意大利的欧洲之星（Eurostar）、法国东南方的TGV子弹列车、瑞士的景观列车等，都已经成为欧洲团的卖点和招牌。

分析业者操作旅行团的成本，火车其实是既具卖相又具经济效益的交通工具。例如，许多欧洲的经典古城都有不低的“入城费”，若是搭巴士进城，肯定少不了这笔费用，但搭火车就可以省掉这笔开销；对团员来说，搭欧洲火车的新鲜体验也比整天坐在巴士上来得有趣。

自己扛行李？
团员竟然不翻脸！

带火车团其实很考验领队的号召力，因为多数的欧洲团团员都是女生，加上上下火车得自己扛行李，若事先沟通不良，肯定有客人投诉。Vickie说，其实多数来参加火车团的游客都已有心理准备，在个性上也比较独立自主。

他们所运用的运送行李的方式如下：首先需要一组人马率先将众人的随身行李带上车，快速对号入座，并看守这些小件的包包；力气较大者（多半是男生或是愿意出力的女团员）负责将行李扛上或卸下车厢，动作敏捷的团员（多半是女生）则帮忙以接力方式将所有人的行李迅速排上。通常一趟下来还蛮有乐趣的，也

飞达旅游 提供

能建立团员彼此之间的默契。

因此在行李的打包方面，Vickie在行前就会耳提面命三大要点：

一、大行李箱要有滚轮的，重量不超过20公斤，且前提是要能自己提得动，上下楼层不会有问题： 虽然西欧国家的火车站多设有斜坡或电梯方便行李进出，但偶尔仍需要游客自己扛一下行李，因此不能依赖别人的帮忙。

二、不要带背包客用的大型后背包： 这种背包其实扛起来容易累，而且不能放易碎品，也和火车上的行李架尺寸不符，不易固定。

三、行李要维持在两件以内： 行李件数一旦超过三件，非常不利于火车换乘，容易丢三落四。若行程控制在15天以内，维持简单利落的两件行李并非难事。

填错火车票？万万行不得！

火车团的好处就是到了定点就能放牛吃草，各自寻宝去，因此Vickie通常也会让团员自己保管火车票，第一次搭车时示范操作一次，接下来就可以让团员在“大家一起来”的安全保障下，享受一点DIY的乐趣。

但她还是会再三叮咛“千万别填错格子了！”欧洲火车联票上的日期格子是得自己填的，不能等列车长来验票时才填；“记住要由左至右来填，日跟月也千万别填颠倒。”因为格子是不能涂改的，一个格子代表一天的火车有效期，一旦填错就等于完全报废!

Vickie发现，DIY填火车票无形中对团员是一种诚信与公德心的训练，就算列车长没来验票，也得对自己诚实，学习对自己负责。

乌龙月台?
搞清车次超重要!

其实，带着大批人马与大批行李上下火车，在火车超准时的西欧旅行可真是一大考验。通常Vickie会在列车进站前半小时即与大批人马就定位。但在就定位之前得先做好几个动作：在车站的电子广告牌上找到火车进站的月台→找出“你所在的位置”与车厢的对应位置→前往月台并站在车厢前准备上车。

游戏规则其实全球通用，不过，也有乌龙的时候。

Vickie说来毫不忌讳，她也有上错车的恐怖经验。话说那回，她从瑞士卢塞恩旁的小镇要搭火车前往苏黎世，准备在苏黎世停留两小时做city tour后搭机回台。一切都照标准程序操作，

但等全部人马上车，火车开动后，“我发现列车竟然往意大利的方向开!”原来在同一个月台上竟有南北方向的列车在几分钟内先后进站!这下还得了，Vickie花了半小时找到列车长，硬是要求在不停站的地方下了车，这才赶上回程的班机。

“一定要对班车号码”是Vickie学到的教训。

优惠用不完?
就怕你不用!

欧洲火车通行证的好处多多，大家都知道。不过，Vickie提供两个一般人较少知道或用到的优惠：

除了一般人熟知的巴士、湖面游轮和私人火车之外，北欧的通行证可以免费参观博物馆和一些景点。此外，若使用的是20国任选3到5国的票种，在旅程结束之前，只要填写票上的问卷，免贴邮票寄出，就可以收到一份小纪念品呢!

Vickie带火车团至今，多数游客的回馈都很正面。除了是因为欧洲的火车坐

陶长美 提供

飞达旅游 提供

起来相当舒适，对于高自主性、不喜欢排满行程、勇于尝试的中国台湾游客来说，火车也很能满足他们可以四处走动、打扑克牌、聊天的社交需求，而且还能在火车上认识老外。通过团体活动，既能享受一半的自主空间，也能在发懒时享受来自领队的服务和团友的支持，非常适合喜欢多变、爱行走的人尝试。

不过，她也提醒爱热闹的中国人别high过头，欧洲有些火车车厢是“宁静车厢”，用一只睡着的手机表示不能打手机及高声交谈。搞清楚游戏规则，才能让一趟成人的远足宾主尽欢。

欧铁

你对搭火车游欧洲既期待又怕受伤害吗？那么就从单国游下手吧！

单国游是最适合入门者的体验方式，不但风险低、满足感够，还可测验自己的“背包流浪指数”有多高，为未来更远的旅程做准备。

流浪不必惧遥远，快快往欧洲出发吧！

新手入门篇

Part 4

撰文、摄影◎MOOK编辑部

经典路线大进击

法国 France

开往慢活的幸福列车

采访、撰文◎许斐莉　图片提供◎余俐臻

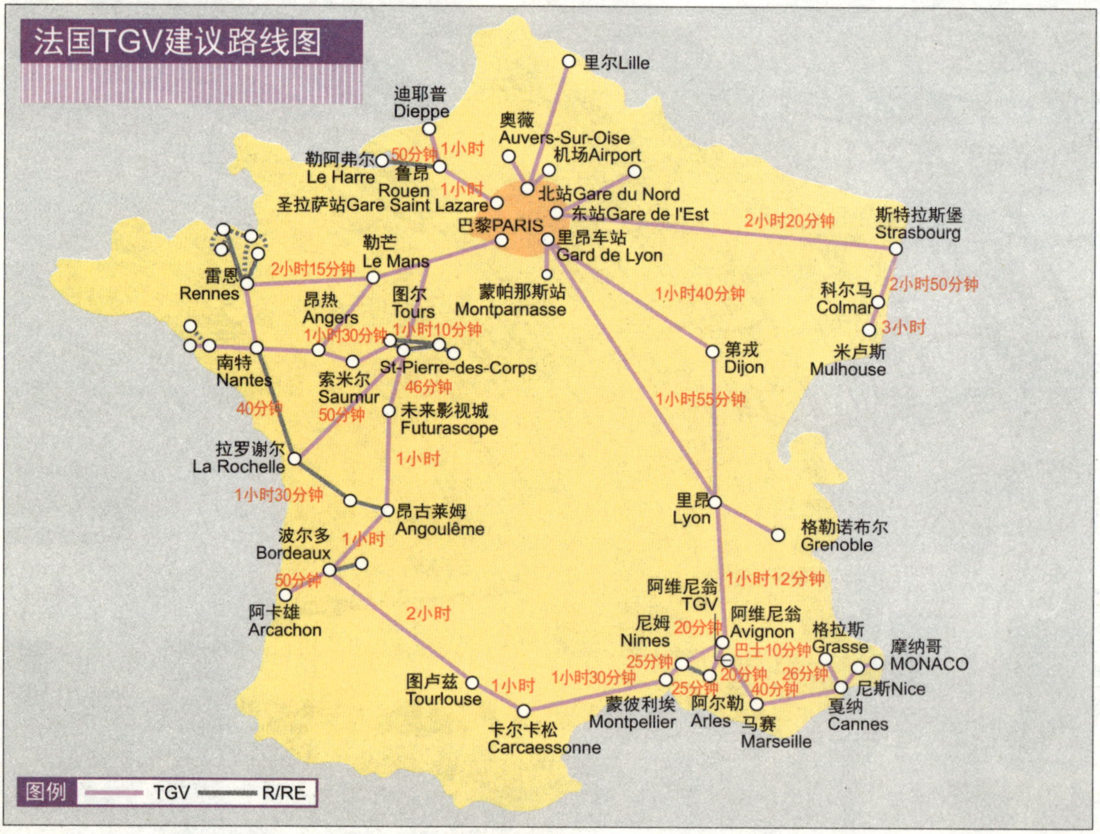

法国是个可以满足你吃喝玩乐、五官享受的地方，不论是搭乘TGV快速列车抵达旅游胜地，或是搭乘小火车穿梭乡间，都能在高度文明的环境中享受慢活、慢游的乐趣。

法国铁路系统（SNCF）十分庞杂，除了最知名的TGV高速火车之外，其他的火车种类分成“地区性快车”(TER)、“短程车”(Shuttle)和“客车”(Coach)等；其中，“火车”（Train）泛指所有非TGV行驶的全国性跨区列车，也可以称做“大路线”(GL)，而“地区性快车”、“短程车”、“客车”则是只在单一地区内行驶的车种。

法国的地区铁路系统依照行政区划分成22区，包括环绕巴黎的大巴黎地区(Ile de France)，这些地区性铁路有各区独立的营运系统和时刻表，除了大巴黎地区的铁路系统名为“Transilien”外，其他21区的铁路系统都叫“TER”。举例来说，香槟地区的TER叫做“TER Champagne-Ardenne”，和阿尔萨斯的“TER Alsace”是两个完全不兼容的系统，如果要从香槟到阿尔萨斯，那就要搭乘跨区列车而非TER。

TGV新增法东路线

旅客最喜爱使用的TGV子弹列车，时速高达300公里，于2001年通车的地中海线（TGV Mediterranean Line）从巴黎的里昂车站（Gare de Lyon）前往阿维尼翁只需2小时38分钟，再延伸到马赛只需25分钟，不论是拜访薰衣草的故乡或是蔚蓝海岸，都非常便捷。

2007年6月新开通的TGV法东线，行车速度再往上突破，不但时速高达320公里，勇夺欧洲冠军，从巴黎前往斯特拉斯堡只需2小时20分钟，比以往的4小时足足省下1小时40分钟。火车客可以深入探索斯特拉斯堡所在的阿尔萨斯省（Alsace）各大城镇，细细品味法、德混合风情，或是延伸至德国，进行跨国之旅。

法铁英文版官网：http://www.sncf.com/en_EN/flash/

TGV英文版官网：http://www.tgv.com/EN/index_HD.html

建议路线

对于初次到法国旅游或是第一次尝试搭火车游法国者，建议可先尝试“小旅行”的路线1。路线2与3则是目前最受中国游客欢迎的普罗旺斯与蔚蓝海岸旅游线路。路线4则是以TGV最新的东线探索阿尔萨斯省。所停留的时间可视您所购买的通行证（联票）来弹性安排。

路线1
巴黎 ▶▶（TGV3.5小时）▶▶ 第戎） ▶▶（TGV1.5小时）▶▶ 里昂

路线2
巴黎 ▶▶（TGV2小时38分钟）▶▶ 阿维尼翁 ▶▶（20分钟）▶▶ 阿尔勒 ▶▶（20分钟）▶▶ 尼斯 ▶▶（TGV3小时）▶▶ 巴黎

路线3
巴黎 ▶▶（TGV5小时33分钟）▶▶ 尼斯 ▶▶（1小时）▶▶ 戛纳 ▶▶（25分钟）▶▶ 尼斯 ▶▶（20分钟）▶▶ 摩纳哥 ▶▶（20分钟）▶▶ 尼斯 ▶▶（2小时）▶▶ 马赛 ▶▶（25分钟）▶▶ 阿维尼翁 ▶▶（TGV2小时38分钟）▶▶ 巴黎

路线4
巴黎 ▶▶（TGV2小时20分钟）▶▶ 斯特拉斯堡 ▶▶ 科尔马 ▶▶ 米卢斯 ▶▶ 巴黎

法国火车小旅行

搭火车游法国，入门者可尝试用最简单的定点小旅行，从巴黎出发前往里昂或第戎，两城之间也有TGV相互串联。等胆子练大后，再往普罗旺斯、蔚蓝海岸和法东阿尔萨斯，进行7到10天以上的旅程。

里昂

Lyon

里昂市区内有方便的地铁及缆车(Funicular)、公交车交通网，单程票(2小时内有效)每次€2，亦可购买10张一组的套票本，价格为€11.90。1日券(有效时间为当日的5:00~24:00)，可任意搭乘市区的地铁及公交车，价格为€4.20。详情可参考大众交通系统网页：www.tcl.fr

使用里昂城市卡(Lyon City Card)可参观博物馆、美术馆、古罗马大教堂，参加游客中心的城市导览或免费租借语音导览，自由搭乘巴士、地铁和缆车；4~10月可乘坐索恩河游船，并享有特定商家的折扣优惠。分为1天通行证€18、2天通行证€28、3天通行证€38。可于里昂游客中心的网页上直接订购：www.lyon-france.com/ www.en.lyon-france.com（英文版）

里昂是罗讷—阿尔卑斯山省的省会，知名的时尚品牌爱马仕(Hermés)发迹地同时也是布拉格之后第二个被列入世界重要文化遗产的城市，以及知名的《小王子》的作者圣埃克苏佩里的故乡。

大里昂城包括了灌木区(Croix Rousse)、旧里昂区(Vieux Lyon)和现代区(Presqu'e)。

里昂市中心位于索恩河(Saône)与罗讷河(Rhône)的冲积扇上，横跨索恩河的旧城区(Vieux Lyon)，城北是旧制丝区，罗讷河东岸则是新市区。此外，也别忘了品尝里昂知名的小酒馆美食，体验里昂人的热情。

旧城区

le Vieux Lyon

包含北边的圣保罗(Saint-Paul)广场、中间的圣珍(Saint-Jean)广场与南边的圣乔治(Saint-Georges)广场

旧城区从Fourviére山脚下的索恩河平原，往外延伸超过24公顷，这片超过300栋不同时代的建筑物，集合成一处保存完整的建筑群。随处可见的中世纪教堂与剧院，让人仿若置身于文艺复兴的荣景里。300条小巷可让你漫步欣赏老城风华，最值得一看的老建筑是，沿着Rue du Boeuf、Rue de la Juiverie、Rue Saint Jean及Rue des Trois Maries等的老街。另外，在Coix Rousse区、Presqu'ile区也能看到特殊的老建筑。

贝勒库广场

Place Bellecour

http://www.planetware.com/lyons/lyon-place-bellecour-f-rh-plbe.htm

贝勒库广场是里昂的市中心，位于罗讷河和索恩河之间，建于1713~1738年。广场中央最醒目的是路易十四的骑马雕像，建于19世纪初；广场旁的Rue Victor Hugo大道，则是里昂市主要的徒步购物大街。

广场上有旅客询问中心、地铁入口，周围种了许多栗子树，还有咖啡馆、花店、商店、大学等，让这里成为游玩的好地方。

圣埃克苏佩里故居及铜像 | Antoine de St. Exupery

里昂市的Rue A. de St. Exupery上，贝勒库尔广场(Place Bellecour)的西南角

安东尼·圣埃克苏佩里(Antoine de St. Exupery)于1900年出生于里昂，为名门之后。他从建筑学校辍学之后进入斯特拉斯堡空军服役，立志成为飞行员，并取得军方执照。第二次世界大战法国失陷之后，流亡美国的圣埃克苏佩里根据他在1935年坠落撒哈拉沙漠的亲身经历，写下了《小王子》。

圣埃克苏佩里出生时住的房子，屋前的道路以他的名字命名，而在旁边的贝勒库尔广场(Place Bellecour)上则伫立着他和小王子并肩的铜像。1944年，圣埃克苏佩里在一次北非的飞行勤务中失踪，直到最近才证实系遭纳粹飞行员击落。

索恩河畔小王子壁画 | Peinture Muuale

Rue de la Martinière
http://www.rhonealpes-tourism.co.uk/articles/painting-walls/lyon/unesco-heritage/the-town-painted-in-trompe-l-oeil-108-6.html

里昂的另一个独特景点是以水彩在打湿的灰泥墙上画出的湿壁画，约有150幅。这项壁画计划开始于1980年，由10位艺术家组成的“城市创作者”(cité de la créateur)来进行，陆陆续续在里昂完成了上百幅壁画，1988~1995年间完成的最多。

最有名的《里昂名人肖像》(*Fresque des Lyonnais*)，位于索恩河畔的Rue de la Martiniére转角，面积约800平方米，总共画有30位在里昂出生的名人，包括《小王子》的作者圣埃克苏佩里、电影发明者卢米埃尔(Lumiére)兄弟等。

联邦咖啡 Café des Fédérations

8, 10 Rue du Major Martin 69001 Lyon
www.lesfedeslyon.com
E-mail：yr@lesfedeslyon.com

位于半岛区(Presqu'ile)的这家餐厅轻松而热闹，是地道的小酒馆。餐厅内以红白相间的桌布和餐巾装饰，座位一边是沙发，一边是椅子，是从19世纪就留下来的传统。

不妨从黑莓酒和小黄瓜腊肠等前菜开始，品尝以鸡蛋捣成的鱼丸派(quenelle)、风味小菜、鸡肝饼(gateau de fois de volaille)，以红酒洋葱烹调的猪腮肉(civet de joues de porc)、多菲内奶油烙焦皮马铃薯(gratin de dauphinois)等。

里昂酒吧间 Des Bistrots de Lyon

64 Rue Merciere 69001 Lyon
www.leondelyon.com

这家餐厅提供地道的里昂美食，像以培根、面包皮、大蒜和蛋做成的里昂色拉（salade Lyonnaise），大汤碗小牛肉（soupière lutée de veau）和奶酪茄子羊肉卷（farcie d'agneau braise à la feta）都是店内很受欢迎的名菜。

若时间许可，别忘了去尝鲜。

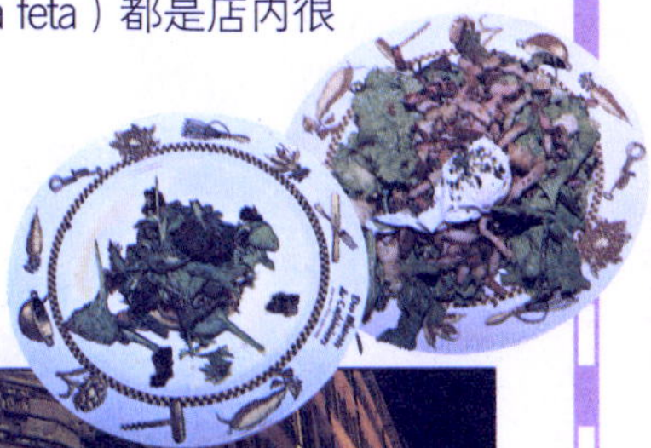

第戎 Dijon

从巴黎前往勃艮第区的TGV，几乎每小时都有发往第戎的列车，车程约1小时37分钟。第戎与里昂(Lyon)之间的往返车次相当密集，TGV单程约1小时30分钟，一般的TER(地区性火车)车程2小时。旅游景点以步行方式即可轻松游览。

游客中心

34, Rue des Forges　www.ot-dijon.fr

作为勃艮第公国的首府，第戎曾经是中世纪最风光的城市，菲利浦大胆公爵(Philippe le Hardi, the bold)投入不少资金建设，像第戎最气派的建筑——公爵宫（Palais des Ducs et des Etats de Bourgogne）或称勃艮第国家宫，就是在这个时候开始建造的。

1480年之前，作为勃艮第议会所在地的第戎，吸引不少贵族和议员在此居住，留下许多华贵、富丽的中世纪豪宅。步行是回味勃艮第黄金岁月的最佳方式。

公爵宫

Palais des Ducs

http://www.planetware.com/dijon/palais-des-ducs-f-bourg-dpadu.htm

现为市政府的公爵宫，是第戎最重要的历史建筑，它的名气甚至远胜于圣贝内大教堂和圣母院。位于公爵宫中心的平顶塔(Tour de la Terrasse)是一览第戎市全景的好地方，这座塔建于15世纪50年代的好公爵(Philippe le Bon, the good)时期。

昔日为公爵住所的公爵宫，有一部分开放为美术博物馆(Musee des Beaux-Arts)。在以前的宴会厅可看到大胆公爵和无惧公爵(Jean san Peur, the fearless)的大理石墓，平躺的公爵脚踩狮子，由天使扶头，而棺上雕刻的人群衣服垂落，传达悲伤哀悼的感觉。

圣母院 | Église Notre Dame

从公爵宫往北走一条街，位于公爵宫和佛古艾宅第的旁边

位于公爵宫和佛古艾宅第的旁边。这座圣母院在11~12世纪就以十分灵验著称，据说在16世纪的时候，也因圣母保佑，第戎两次击退进攻的瑞士人。因此，法国大革命期间不少天主教堂被摧毁，但圣母院却被保留了下来。

在圣母院的飞扶壁(flying buttress)上，可看到被磨得光滑的小猫头鹰，据说是幸运的象征，有不少人前来摸它祈求好运。

佛古艾宅第

Hotel de Vogue

8, Rue de la Chouette

位于圣母院旁，建于17世纪的佛古艾宅第，屋顶铺满勃艮第式的红黄绿相间的彩砖，堪称第戎最美丽的建筑。据说，在路易十五(Louis XV)时代，由于勃艮第议会从波恩搬回第戎，而第戎又没有好的旅馆可以容纳前来集会的议员与贵族们，因此当时的国会议员波耶(Etienne Bouhier)盖了这栋富丽的房屋来作为接待的住所。1766年，这栋房屋被佛古艾(Vogue)家族买下，于是更名为佛古艾宅第。

枫特内修道院

Abbaye de Fontenay

可从第戎搭火车前往Montbard，车程约40分钟，Montbard车站距离修道院约6公里。

www.citeaux-abbaye.com

1981年被列入世界文化遗产的枫特内修道院，以简朴无华的建筑作为西多会(Cîteaux)教会风格的代表。1112年，勃艮第的贵族青年贝纳(St. Bernard)加入了西多会。贝纳在1118年选择枫特内的森林创立修道院，就是要西多会的教徒在僻静的环境里修行，不倚赖外界的资助，修士们自己种植药草、制作铁器。除了主教以外，修士们集体睡在宿舍的地板上，空旷的房里除了窗户，甚至连暖气都没有，生活过得非常清苦。

今日的修道院里绿草如茵，吸引许多游客前来感受中世纪西多会的清贫精神，著名的法国电影《大鼻子情圣》(*Cyrano de Bergerac*)也曾在1989年间，于修道院旁的石椅上拍摄男主角过世前告白的感人一幕。

普罗旺斯

因“山居岁月”而打响知名度的普罗旺斯，近年来一直受到游客的青睐，不论是寻找梦幻薰衣草田，还是寻找普罗旺斯特有的香气与阳光，都让这儿成为法国最受游客欢迎的旅游省份。搭火车穿梭在一个个小镇间，您也可以暂时享受时间停隔的美好感受。

阿维尼翁

Avignon

从巴黎的里昂车站（Gare de Lyon）搭乘TGV地中海线，到阿维尼翁只需2小时38分钟，从阿维尼翁可再延伸到普罗旺斯及蔚蓝海岸各城。阿维尼翁游客中心就位于火车站以北300米处。

41 Cours Jean Jaures 84000 Avignon

www.ot-avignon.fr、www.avignon-tourisme.com

阿维尼翁是普罗旺斯最热闹的城市之一，同时也是欧洲的艺术文化重镇。从火车站出口，看到阿维尼翁的第一个印象，就是环抱全程的5公里古城墙；你可从共和城门(Port de la Republique)进入市区，进入阿维尼翁的主要道路——共和大道(Rue de la Republique)，让两旁商店的薰衣草产品、彩绘陶瓮(Santons)等迎接你。

知名的阿维尼翁艺术节（Avignon Festival）始于1947年，每年于7月上旬到8月初举行3周，6月中旬起接受订票。它的最大特色在于演出场地都是露天剧场，从教皇宫、教堂、修道院到咖啡馆等四处都是艺术表演，整座城市都笼罩在一片欢乐的气氛中。有关阿维尼翁艺术节的信息可登录网站查询（网址：www.festival-avignon.com）。

不妨依照阿维尼翁旅游局规划的1到3小时漫步路线，品味这座独一无二的艺术之城。

安格洛美术馆

Musee Anglado

5 Rue Laboureur, 84000 Avignon
www.angladon.com

安格洛美术馆位于St. Didier广场旁，由私人府第改建而来。在这里，可欣赏旧时普罗旺斯上流阶层的生活品位和私人收藏，像17世纪的荷兰家具、中国的唐三彩与明清瓷器、法国路易十四时代的桌椅，以及印象派画家及毕加索等人的作品。

钟楼广场

Place de l'Horloge

阿维尼翁市中心
www.virtourist.com/europe/avignon/13.htm

钟楼广场是阿维尼翁最主要的广场，从广场四周延伸出去的道路，则是热闹的逛街购物商圈。广场上的建筑多建于19世纪，像阿维尼翁市政厅(Hotel de Ville)、两侧有代表悲剧和喜剧雕像的歌剧院(Opera)，至于14世纪的哥特式钟塔，到现在还是会敲出钟声，为中世纪小城增添了不少思古幽情。

教皇宫

Palais des Papes

RMG-6, rue Pente Rapide, Charles Ansidei
http://www.palais-des-papes.com
rmg@palais-des-papes.com

教皇宫是阿维尼翁年度盛会——阿维尼翁艺术节的主要会场，有“世界最大且最美的房子”之称。中世纪(1309~1377)期间，教皇克雷蒙五世因为派系斗争而出走罗马，选定阿维尼翁为驻地，在这期间经历了7位教皇，历任教皇将原有主教的府第改建成教皇宫，内部极尽豪华奢靡之能事。

站在中庭看到的最高塔称为天使塔(Angel

Tower)，教皇的寝宫位于天使塔的中心，全部饰以花鸟野兽雕饰，极其金碧辉煌。圣约翰礼拜堂和圣马丁礼拜堂内有精彩的中世纪宗教壁画。教皇宫零售罗讷河谷地葡萄酒，以“Popes' Palace selection”字样表示产地。

圣母院 | Cathedrale Notre Dame-des-Doms

Place du Palais

http://www.sacred-destinations.com/france/avignon-cathedrale-notre-dame-des-doms.htm

从教皇宫出来后，沿着右侧的斜坡路往上走，就可抵达建于12世纪的圣母院。最高处是眺望罗讷河及圣贝内泽桥的最佳地点。圣母院有一个小小的美术馆(Musee dr Petit Palais)，收藏中世纪与文艺复兴的画作及当地的手工艺品。圣母院后面有一个秘密花园(Roche des Doms)，这是阿维尼翁移民最早居住的地方。

圣皮耶教堂

Eglise St-Pierre

http://www.avignon-et-provence.com/avignon-tourisme/monuments/eglise-saint-pierre.htm

圣皮耶教堂是阿维尼翁城里最漂亮的教堂，建于14世纪。教堂外观为火焰哥特式建筑，浮雕华丽而细致，木门是16世纪的雕刻作品，很值得一看。

圣贝内泽桥 | Pont St-Benezet

http://www.sacred-destinations.com/france/avignon-pont-st-benezet.htm

罗讷河上那座显著的断桥——圣贝内泽桥，与教皇宫同为阿维尼翁的标志，因法国民谣《在阿维尼翁桥上》(*Sur le Pont d'Avignon*)而闻名。传说，这座连接两岸、造福居民的桥，是牧羊人贝内泽受到神的启示，终其一生辛劳而盖成的。

桥未断之前有22个拱门，后因罗讷河泛滥冲毁，现仅剩一小段，桥上还残留着纪念贝内泽的小礼拜堂，它与附近宏伟的教皇宫相较，简直是天壤之别。

阿尔勒
Arles

从阿维尼翁转火车到阿尔勒，车程约20分钟。阿尔勒近年以凡·高之旅吸引全世界游客，在许多凡·高据点都有凡·高画作与景点的对照，像凡·高住过的疗养院、他笔下的黄色咖啡馆等，跟凡·高相关的周边商品更是让凡·高迷买到手软。在以下这个由凡·高迷所开办的网站上，可以看见所收集的、来自法国各地的反映凡·高足迹的照片，画作与实景两相对照，非常值得凡·高迷在出发前参考（网址：www.galenfrysinger.com/van_gogh.htm）。

阿尔勒游客中心

43 Bd de Graponne 13200 Arles

www.tourisme.ville-arles.fr

阿尔勒是个到处充满罗马时代遗址的千年古城，每年从复活节开始到9月的斗牛节，是这里的重要节庆；但这都比不上印象派画家凡·高在1888年所留下的足迹那么有影响，当时离开巴黎的他，被阿尔勒的阳光、色彩、朋友、女人、村庄所吸引，他画罗讷河、林荫大道的绅士淑女、罗马石棺公园、石墙旁的风车等，其中最著名的画作是《罗讷河下的星空》。

除了走访凡·高的足迹，还可以逛逛近来很受中国女性欢迎的“欧舒丹”（L’OCCITANE）的店。

圣托菲姆教堂

Eglise St-Trophime

Pl. de la R?publique

www.sacred-destinations.com/france/arles-eglise-st-trophime.htm

圣托菲姆教堂建于11世纪末至12世纪初，外观是仿罗马式建筑。教堂就建在数座旧教堂遗址之上，正门建于12世纪，雕刻着《最后的审判》的圣徒与使者。

穿过一扇厚重的大门，就来到静谧的圣托菲姆回廊(Cloitre de St-Trophime)，回廊里每一根石柱上头都有雕刻精细的人像，很值得仔细观赏。

凡·高咖啡屋

Cafe La nuit

Place du Foum

凡·高在Place du Foum广场旁的这家咖啡屋先后画了室内与室外的画作，室内版是凡·高连续四个晚上在这家下等咖啡馆绘制的。凡·高用红色和绿色呈现绝望的气氛，凡·高曾经表示：“……这咖啡馆是让人自毁的地方，人在这里会发疯或变成罪犯……”

凡·高于1888年9月完成《星空下的露天咖啡屋》画作后，大胆走向户外绘画，用黄澄澄的灯光与深蓝的夜空形成对比与互补的效果，这种在夜间画人工照明的户外写生是凡·高独创的。

现在，这家咖啡馆仗恃着凡·高的威名所赐，咖啡比别的地方贵，而且还常常座无虚席。

阿尔勒医院

Van Gogh Mediatheque

凡·高割去耳朵后所住的医院，也是他后来精神状况恶化之后的休养地。凡·高住院期间，为了逃避压力，曾试着再度提起画笔。这座医院在凡·高居住阿尔勒100周年纪念时改建为文化中心。医院保留了凡·高当年的花草旧观，入口处旁有出售凡·高相关物品的纪念品店。

罗马剧场

Theatre Antique

阿尔勒的东南方角落靠Arena处

进到罗马剧场之前，会先进入一片公园绿地（Jardin D'Ere），公园里竖立着凡·高的纪念雕像

罗马剧场原来是公元前1世纪的堡垒，现仅存两根古罗马柱，被当地人戏称为“两寡妇”(Les deux Veuves)。这里现在成为阿尔勒节庆的举行地点，在仲夏夜没有屏障的星空下聆听演奏，是种很特别的享受。

阿尔勒古迹博物馆
Musee de l'Arles Antique

Presquile du Cirque Romain

阿尔勒古迹博物馆位于新城外。博物馆内的模型，能让你了解阿尔勒断壁残垣的原貌。

博物馆内有尊复制的维纳斯雕塑，真品藏于巴黎罗浮宫，当年法王路易十四要求把维纳斯雕像送往巴黎，从此雕像就没有回来过，这件被夺的无价之宝成了阿尔勒人心中永远的痛。

另外，你可以看到罗马剧场与竞技场的原版缩小模型，还有许多石棺的展示，石棺上面用拉丁文写着死者的年龄与碑文。

凡·高纪念馆 | Foundation Vincent Van Vogh

24 bis, Rond Point des Arénes Arles

www.foundationvangogh-arles.org/fran/index.htm

凡·高纪念馆就位于罗马竞技场旁的小巷道里，不注意看就会错过。三层楼高的纪念馆，外观就像公寓，这里收藏了来自世界各地艺术家的作品，他们用作品来表达对巨匠凡·高的敬意，这些作品使整个展览空间呈现出游乐园般的景象。

罗马竞技场 | Amphitheatre Romain

04-90-96-03-70

来到竞技场的门口，就被宏大、壮丽的建筑所震撼。这是普罗旺斯地区保留的最完整的罗马式遗迹之一，是由两层楼、50座拱门所形成的大型竞技场，二楼的拱门是多力克(Doric)式。

罗马竞技场内最多可容纳2万多人观看，是法国最大的竞技场。夏季时有斗牛表演，攀上最高楼层，则可以俯瞰整个阿尔勒的市容。

罗马竞技场的周围有许多出售当地纪念品的小店，尤其是普罗旺斯的花布，为以灰色为基调的竞技场增添了活泼的色彩。

马赛
Marseille

若想从巴黎直奔马赛，搭乘TGV只需3小时；若从巴黎戴高乐机场出发，则需3小时30分钟。到马赛除了感受南法渔港的风情之外，还可以到当地的宗教圣地参观游览。

马赛游客中心

4 La Canebiere

www.marseille-tourisme.com

小说家大仲马说：“马赛是全世界会聚的地点。”它是个典型的港口城市，充斥着各种文化，有流浪的水手、毒枭、走私者、度假富豪，还有阴暗的18世纪巷道和拜占庭式的雍容建筑。

马赛码头 | Old Port

www.beyond.fr/villages/marsareas.html

马赛是法国第一大港，从公元前49年罗马人占据后，一直是东方贸易物品进入西方的重镇。马赛与中东、北非的关系相当密切，异国、靡丽的风情从码头上岸，与欧陆的文化结合成马赛独特的容貌。

码头上挤满了私人游艇、渔船与小游船，那一排洗刷得簇新的游艇在地中海阳光下闪烁着刺眼的光芒。沿着港口的餐厅、咖啡馆被游客占据，在这里可以感受马赛的迷人风采。

圣维克多修道院

Saint Victory Abbey

位于码头和圣母守望院之间的圣维克多修道院，是马赛最美丽的宗教建筑。圣维克多修道院于5世纪由僧侣St. Cassian所建，以纪念水手与磨坊主人的守护神——圣维克多(St. Victor)。

每年2月2日，信徒会来此朝圣，当地人出售小船形状的蛋糕以追悼两千年前抵达此地的三姐妹——圣玛丽、圣玛尔泰、圣拉扎尔姐妹，她们在公元40年搭船抵达马赛，正式将基督教传送到这个区域。

圣母守望院

Notre Dame de la Garde Basilica

可以在码头的巴士站搭乘60路巴士上山

从旧港的新码头Quai-de-Rive-Neuve向左转，再向坡道走20分钟就到了。圣母守望院是马赛的最高处，可俯瞰马赛市容；高山上矗立着雪白的教堂，金光闪烁的圣母马利亚雕像面海而立，眺望未归的水手。

圣母院是新拜占庭建筑风格，建于1148年。圣母院还有一座46米的钟楼，贴上金箔的圣母像矗立其上。

从大门进入，首先是僧侣的宿舍，里面约有30名僧侣。这些僧侣终身都在此修行，每天半夜两点即开始第一次的祈祷，下午又回到宿舍进行晚祷。从东边的阶梯走下去进入教堂内，里面有许多祈祷航海平安的模型船。

蔚蓝海岸

不论是尼斯嘉年华、海滩天体营、星光闪闪的戛纳影展，还是艺术风十足的马蒂斯美术馆、豪华而富有的欧洲小国摩纳哥，蔚蓝海岸展现的是多样而迷人的南方风情。从巴黎跳上TGV列车，蔚蓝海岸之美尽收眼底。

尼斯
Nice

尼斯总揽了地中海所有迷人的条件，从第二次世界大战前迄今，尼斯都是欧洲贵族最喜爱的地点，如俄国沙皇尼古拉一世遗孀、英国维多利亚女皇与画家马蒂斯，他们的品位决定尼斯的地位。

尼斯还有一种特有的糖果，叫“尼斯石头”(Nicestone)巧克力，因为形似英国人散步道下的一颗颗石头而得名。口味包括橘子干、咖啡当内馅的，或是裹上白色糖粉的巧克力球，漆上彩色糖衣的糖渍水果干等。“尼斯石头”可在专卖店Confiserie Auer买到。

每年2月底到3月初的尼斯嘉年华会是感受尼斯的疯狂与奔放的最佳时节。尼斯嘉年华从14世纪开始举办至今，传统上白天有长达一两公里的花车大游行，最后一天晚上则有大型的烟火嘉年华会，全城狂欢至午夜。游客可以看到身穿传统服饰的法国民众愉悦地参与盛会，还有色彩缤纷的小丑帽在街头出售，美丽的花车小姐和在会场散布花朵的小朋友更是笑脸迎人。

尼斯嘉年华

http://www.nicecarnaval.com/carnaval4.html

从巴黎直奔尼斯，搭乘TGV约需5小时33分钟

游客中心

1 Esplanade Kennedy

www.nice-coteazur.org

旧城区
Vieux Nice

www.hickerphoto.com/old-town-nice-waterfront-12191-pictures.htm

尼斯最早是希腊人所建，后来又沦为罗马殖民地，1860年以前还曾属于意大利，1860年又重新划入法国版图。这些历史都留在旧城(Old Town)区里的建筑上，包括法院(Palais de Justice)、圣黑帕拉特大教堂(Cathedrale Ste-Reparate)、Chapelle de la Misericorde等。

靠近海岸线的撒勒雅林荫道(Cours Saleya)是尼斯的传统集市，在这里不妨尝尝尼斯传统食物Socca(一种类似比萨的大饼)，以及南法特产的糖渍水果(Fruits Confits)。

马蒂斯美术馆 | Musee Matisse

164 Avenue des Arenes de Cimiez
搭乘15、17、20路巴士
www.musee-matisse-nice.org/

20世纪著名的野兽派画家马蒂斯，曾在尼斯住过很长一段时间，他形容这个城市是“干净、澄澈、精致、明净”的城市。马蒂斯美术馆位于西敏寺的山丘上，四周围绕着橄榄树。美术馆是由一栋17世纪的别墅改建而成的，立面以赭红色和鹅黄色为主，和尼斯著名的天主教修道院、意大利式花园比邻而居。

馆内收藏68幅油画、236幅素描、218件雕刻、57件雕塑及马蒂斯的私人收藏品，可欣赏大师不同时期的画风，包括第一幅画《书的静物画》(*Still Life with Books*)、1952年的《四号裸女》(*Nu Bleu IV*)、《海浪》(*The Wave*)等。

珍梅德森大道 Ave Jean Medecin

www.medinheaven.co.uk/page_map_of_central_nice.html

这条宽广的大道代表着尼斯的新建筑，两旁均是银行、办公大楼和百货商场。基中，玛西纳广场(Place Massena)由法国大型百货拉法叶经营，下午时有许多街头艺人在此出没。

广场尽头是蔚蓝海岸，沿海往右走是英国人散步道(Promenade des Anglais)，由英国侨民在1830年募款修建，这条大道长达5公里，大道两旁艺廊、商店及豪华饭店林立。

俄罗斯东正教大教堂 Cathedrale Orthodoxe Russe

Place Rossetti

俄罗斯东正教大教堂是17世纪巴洛克建筑。其外观非常吸引人，且有着强烈的俄罗斯风格，屋顶上有5个圆顶尖塔，对比强烈、色彩鲜艳，使它成为在俄罗斯国境之外最美丽、壮观的俄罗斯风格的建筑。

夏纳
Cannes

夏纳位于意大利到马赛间的铁路运输线上，TGV、TER等火车都在此设站。市区内的巴士分成两种：电车行驶于市中心，双层巴士则往来于市政厅和棕榈海滩赌场之间。若从尼斯前来，除了搭火车之外也可搭巴士，约半小时可达。

游客中心

Palais des Festivals-1,La Croisette

www.cannes-on-line
www.cannes.fr

从小渔村变成高级饭店云集，夏纳就像是美国贝弗利山庄的翻版；夏季人潮汹涌，冬天则人去楼空，年复一年，重复被追星族追随与远离。

夏纳影展在每年5月中旬举行，由世界各地挑出24部影片参加甄选，影展期间吸引全球影星名流聚集。非影展期间，在小十字大道和安堤布街(r.d' Antibes)上有许多出售相关纪念品的商店，其中“Davis”是最时髦、最特别的专卖店，可以满足有恋星癖的影痴的需求。

骑士山
Mont Chevalier

www.amb-cotedazur.com/la-cote-d-azur-insolite-mont-chevalier-cannes-2.html

位于小十字大道不远处的骑士山区域称为苏给(Suquet)。从传统市场旁的石板路往上走，两旁都是斑驳的旧民房，渔民的子孙世居于此。每当华灯初上，小餐馆铺着鲜丽桌巾的桌子从室内蔓延到石板路上，盏盏蜡灯映照古城。

夏纳渔民只剩十多位，每天早上在骑士山脚下的传统市场，还会有渔民家眷出来兜售清晨捕获的海产。

戏剧宫

Palais des Festival

www.palaisdesfestivals.com/sommaire.php3?lang=en

建于1982年的戏剧宫，是戛纳影展的重要会议地点，最受注目的金棕榈奖即在此颁发。戏剧宫内可容纳3万人，里面有3间放映厅、2个展览厅，还有会议室、赌场、夜总会及餐厅。戛纳影展最后颁奖时，会在大厅门口铺设长长的红地毯，也就是“星光大道”，游客任何时候来此，都可寻找参展明星所留下的手印。

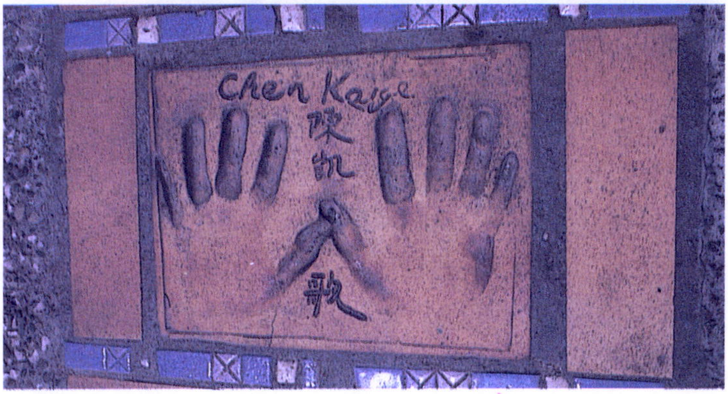

小十字大道

Boulevard de la Croisette

www.10best.com/Cannes/Shopping/Haute_Couture/index.html

小十字大道濒临地中海的散步道，长达8公里，这儿的公共海滩和私人海滩加起来就有30多个；而大道另一边是栉比鳞次的名牌精品店，据说主要客户都是来自中东的富商巨贾的夫人们。

这条富气逼人的大道上，最著名的地标就是外形很像蛋糕的卡尔顿饭店（Carlton Hotel）。

摩纳哥
Monaco

位于法国临地中海岸的东边的摩纳哥，面积只有1.95平方公里、却是全世界国民收入最高的国家之一。1949年登基的雷尼尔三世(Rainier Ⅲ)是有史以来最具影响力的统治者，他最有名的事迹是，迎娶好莱坞女星葛丽丝·凯莉(Grace Kelly)，将摩纳哥的名气推到最高点。

王室在1870年取消国民的所得税，使得摩纳哥成为有钱人的天堂，并带动经济发展。旅游业与一级方程式赛车都是摩纳哥闻名全球的产业与盛事。

摩纳哥是仅次于梵蒂冈的世界第二小国家，虽不是欧盟国家，但欧元在此可以通用。法语为官方语言，但英语也颇流行；宗教方面是信奉罗马天主教。

由尼斯转搭火车前往摩纳哥，约25分钟即可抵达。

游客中心

2a,Boulevard des Moulins,Monte-Carlo MC 98030 Monaco cedex

www.monaco-tourism.com

蒙特卡洛 | Monte Carlo

www.visitmonaco.com/index.cfm?fuseaction=Page.viewPage&pageId=73

以大赌场(Grand Casino)为中心的这一块地段，称为“蒙特卡洛”。大赌场建于1878年，由巴黎歌剧院同一设计师加尼叶(C. Garnier)操刀，华丽有如皇宫内院。最高级的赌场深夜才开放，且规定要穿着正式礼服才可进入。

大赌场前方的名店区价格比其他地方贵三倍，但仍有许多有钱人迷恋蒙特卡洛的头衔，在这里疯狂购物。

亲王宫 Palais Princier

Place du Palais, MC 98000, Monaco   www.palais.mc

亲王宫建于13世纪，也是市政府所在地。只有当亲王不在时才对外开放，但每天11点55分有卫兵交接仪式可看。王宫广场前的看台，可全览摩纳哥的壮观市容。

热带植物园 Jardin Exotique

Boulevard du Jardin-Exotique, MC 98000, Monaco

www.monte-carlo.mc/jardinexotique

热带植物园是全世界最大的仙人掌植物园，也是每年5月的“仙人掌世界博览会”的举办地点。园区下方有个突出于峭壁之外的平台，可坐拥海景。植物园底下的史前人类博物馆是个位于地底下60米的洞窟，展示超过万年的石灰岩岩层地形。

海洋博物馆 Musee Oceanographique

Avenue Saint-Martin, MC 98000, Monaco

www.oceano.mc

海洋博物馆是全欧洲最棒的水族馆，最早时是用来摆放亲王艾伯特一世(Albert I)收集的昂贵海洋生物标本的，后来开放给大众参观，并设有海洋科学研究中心。

阿尔萨斯

在历史上饱受战火冲击的阿尔萨斯，不论是文化或语言都充满浓厚的德国风情。你可以选择在阿尔萨斯一次览尽所有城市，或是将此作为跨国旅游的中转站，两者皆相宜。

斯特拉斯堡 Strasbourg

法东线从巴黎到斯特拉斯堡只要2小时20分钟，每天15个车次，以时速320公里创造全新快速纪录。由法国设计师Christian Lacroix亲自为火车车厢内部装潢操刀，车厢的紫罗兰、苹果绿、尊贵蓝等亮丽色彩让人眼睛为之一亮。TGV法东线信息可上TGV网站查询（网址：www.tgv.com/en，或www.raileurope.com/us/rail/tgvest/index.htm）。

斯特拉斯堡游客中心

17, place de la cathedrale

www.strasbourg.com

受历史与地理环境的影响，阿尔萨斯是个具备法德混合风情的省份。首府斯特拉斯堡于1979年成为欧洲议会所在地。在莱茵河支流的包围下，市中心犹如一座“大岛”(Grand Ile)，囊括了建城2000年来的所有精华。

除了以法德混合风情迥异于其他法国城市之外，斯特拉斯堡的圣诞集市也相当著名，每年从12月初或12月上旬起，在教堂广场及许多城市角落都搭起圣诞集市的摊位，浓厚的圣诞祥和气氛总让旅人流连忘返。

小法国区 | Petite France

www.strasbourg.info/sights/

小法国区是斯特拉斯堡最美丽的水乡，运河纵横交错，河边分布着被红花缀满的典雅半木造屋、一家家气氛悠闲的露天餐厅，极富诗情画意。但据说昔日的小法国区曾有一间专门治疗梅毒的医院，由于梅毒是15世纪被法王查理七世的部队传染来的，所以梅毒又被称做“法国病毒”，因此该区才被称为“小法国区”。

谷登堡广场

Place Gutenberg

Place Gutenberg, 67000 Strasbourg

谷登堡广场以发明活版印刷术的谷登堡为名。15世纪，当谷登堡来到此地时，他只是一个穷困潦倒的流亡贵族，而当1445年他所印刷的第一本《圣经》问世时，却为欧洲带来了前所未有的影响。印刷术的发明为斯特拉斯堡带来了繁荣，使其在15~16世纪时成为欧洲出版业的重镇，并带动了宗教改革。

圣母院大教堂

Cathedrale Notre Dame

1 rue Rohan, BP 09, F-67060 Stransbourg

www.cathedrale-strasbourg.asso.fr/

法国文豪雨果曾经赞美这座大教堂是“巨大和精致的完美结合”。兴建工程从1176年持续到1439年，此后有将近4个世纪的时间，斯特拉斯堡的这座圣母院大教堂高达142米的尖塔，使它成为当时最高的建筑。

教堂南边的大钟门是整座大教堂中最古老的部分，著名的天文钟(horloge astronomique)上层转动的人偶分别代表人的出生、青年、老年与死亡，人偶定时从耶稣的面前转过，代表人随时都有可能死亡。大教堂内值得一看的还有天文钟前方的天使钟、教堂中央的布道坛和北面的7扇彩绘玻璃窗。

科尔马
Colmar

从斯特拉斯堡前往科尔马，每天都有密集的列车车次往来，单程车程约30分钟。科尔马也是前往阿尔萨斯各酒乡的重要中转站，从火车站出口右侧可找到通往临近酒乡的巴士站，准确的发车路线及时间表可向游客中心索取。

游客中心

4, rue des Unterlinden

www.ot-colmat.fr

虽然科尔马是阿尔萨斯三大主要城市中最小的一个城市，但它却是阿尔萨斯葡萄酒乡之路的中心首府。科尔马没有斯特拉斯堡的过度旅游化，也没有米卢斯的工业气息，她不但保有了阿尔萨斯传统小镇的典雅可爱，也曾以美丽的半木造屋和独特建筑获得“街道艺术学会奖”的殊荣。

科尔马著名的面包师傅街(Rue de Boulangers)，有阿尔萨斯闻名全法的奶油圆蛋糕Kouglof和8字形饼Bretzel。饕客莫忘一尝。

小威尼斯 | La Petite Venise

Quai de la Poissonnerie, rue Turenne, 68000 Colmar

穿过硝皮匠区(Le Quartier des Tanneurs)，即是科尔马最令人称羡的小威尼斯区。硝皮匠区的房屋建于17~18世纪，那些又窄又深的木造房是科尔马保留最完整的古老住宅区。

步行至渔人桥(Quai de la poissonnerie)，景色随河道而展开，河流越靠近陆上房屋，景致就越美丽。鹅黄、粉蓝、草绿、艳红的双层半木造屋，像调色盘似的紧挨着清澈的河流，如果不是亲眼所见，或许你都不会相信这人间仙境就在你眼前。

你也可搭贡多拉游船（Promenade en Barque）游览此区，小码头旁有出发时间表。

人头屋

La Maison des Tetes

19, rue des T?tes, F-68000 Colmar

www.la-maison-des-tetes.com/

人头屋位于菩提树下博物馆的斜对面。由105个卖艺人物的脸谱面具所装饰的人头屋，是科尔马最抢风头的一栋建筑。建于1609年，以17世纪中产阶层住宅形式加上文艺复兴装饰，屋顶的青铜雕像出自《自由女神像》设计者巴托尔迪之手。

巴托尔迪博物馆

La Maison des Tetes

30, rue des Marchands, F - 68000 Colmar

www.musee-bartholdi.com/

巴托尔迪(Auguste Bartholdi，1834—1904)出生于科尔马，其故居位于商人街(Rue des Marchands)上，现已辟为博物馆。故居内收藏了60多件雕塑模型，其中大约有10件模型和科尔马相关。巴托尔迪生前为法国创作了许多雕塑品，例如，为了答谢瑞士人民在普法战争中对法国的协助所做的雕像等，这些雕像展示在世界的各个角落，但真正让巴托尔迪流芳百世的，还是《自由女神像》。

米卢斯
Mulhouse

TGV法东线通车后，从巴黎到米卢斯约3小时。和斯特拉斯堡比较起来，米卢斯迷你多了，约半天时间即可走完，但你若是博物馆迷，一个博物馆待上半天也不嫌多！

游客中心 www.ot.ville-mulhouse.fr

米卢斯城市 www.ville-mulhouse.fr

有“法国曼彻斯特”之称的米卢斯是个工业城市，即使它没有许多美丽的木造屋，但是还是有不少法国人特意前来参观印染织品博物馆、法国铁路博物馆、汽车博物馆等。

别忘了到Winstub Henriette品尝阿尔萨斯传统美食，像腌酸菜配土豆猪肉(choucroute)和传统菜肴炖菜(baeckeofe)，都是令人垂涎的当地风味餐。

法国铁路博物馆
Musee Francais du Chemin de Fer

www.mulhouse.fr/en/today.php?PAGEID=161&lang=EN#TOP

购买了月票形状的门票之后，你就可以展开这趟火车之旅。被法国国铁局(SNCF)选定作为展示古董火车头的指定博物馆，法国铁路博物馆收藏相当丰富，最有看头的是蓝火车(Blue Train)，这是在20世纪初行驶于巴黎与尼斯等地中海城市的豪华卧铺火车。另外一列颇有名气的列车则是戴高乐将军的专用卧铺火车，特别定制的超级大床及专用通信电报器材，让人眼界大开。

汽车博物馆

Musee National de l'Automobile

www.collection-schlumpf.com

这是全世界第一座也是最大的汽车博物馆，收藏将近400辆非常独特的汽车。全馆分为古董车区、赛车区、尊荣区。最有名的收藏首推制于1929年的布加迪(Bugatti Royale)的一款名叫拿破仑(Coupe Napolean)的豪华车，其身价高达8000万法郎，它华丽的配备确实令人目眩神迷，这么奢华的车在全世界只有6辆，博物馆就收藏了2辆。

印染织品博物馆

Musee de l'Impression sur etoffes

14, rue Jean-Jacques Henner - BP 1468 - 68072 MULHOUSE cedex

www.musee-impression.com

1746年，4个年轻人在米卢斯成立了第一个印染织品工作联盟，到了1833年，织品师傅促成了印染织品博物馆的成立。馆藏海纳300万件17~18世纪的织品，这些美丽的印花图案是世界顶尖设计师的最佳参考，包括高田贤三(Kenzo)都曾到此寻找灵感。

德国 Germany

驶进莱茵河的梦幻世界

撰文◎许斐莉、李美玲、郑伊雯、李颀怡、王美玲　摄影◎庄明颖、周治平、郑伊雯

德国ICE路线图

只要提起德国的高铁ICE，自助旅行者必定竖起大拇指，它以准时、快速、高标准硬件服务著称。以火车探索德国之美，最经典的路线是莱茵与阿尔卑斯地区，只要以ICE结合当地火车旅行，便可轻松坐拥湖光山色。

德国的第一代高速铁路ICE（Inter City Express）在1991年推出，目前已推陈出新了好几代。即使是一般旅行团，也会特别将德铁体验之旅列入行程中。例如，从法兰克福搭到汉诺威，让游客可以开开眼界，特别是ICE最新推出的车厢设计相当人性化，在车厢内规划了开放式的隔间小包厢，让三五好友可以享有小隐私；另外还有衣帽架和穿衣镜，方便乘客在冬天穿脱大衣、整理仪容……种种贴心的设计，让人忍不住想要赞叹德国高科技工艺的力求完美和高度人性化的设计。

一般旅游玩家推荐的玩法，是以通行证结合当地邦票，大城之间的换乘使用通行证，小镇之间则使用邦票。德铁日新月异，最高级的列车是Inter City Line，夜卧铺设备相当舒适。另外还有区间火车IRE、RE、RB，以及跨区火车IR、大城与卫星城市之间的捷运系统S-Bahn及S-Bahn市内地铁等，可让游客交互运用。

不过，若以入门者可以轻松上路为前提，加上考虑德国整体的大众交通系统，那么莱茵或阿尔卑斯地区是比较适合纯火车之旅的地区；著名的“童话大道”和“罗曼蒂克大道”则比较适合以开车或搭乘巴士旅游，火车不会是重点。

此外，对经常前往法兰克福进行商务之旅的游客来说，以法兰克福作为中心点，向北往科隆（1小时），向南到维尔茨堡（1小时）、海德堡（52分钟）或斯图加特（1小时30分钟）做一日游的小旅行，也是不错的玩法。

ICE与德铁 www.bahn.de/international/view/en/index.shtml

建议路线

除了从法兰克福出发的一日游小旅行之外，路线1可以让初次游德者体验德国两大城，并拜访罗曼蒂克大道上最著名的景点——新天鹅堡。路线2与3则以莱茵地区为主，您可选择是否搭乘一段区域火车探访酒乡吕德斯海姆，或一路皆以ICE向北寻访莱茵河沿岸传奇城镇美因茨与科布伦茨，并朝圣科隆；两条路线皆可随机搭一小段莱茵河游船。若您持有德铁通行证，持证购莱茵游船票可享有优惠。

路线 1

法兰克福 ▶▶（ICE3小时10分钟）▶▶ 慕尼黑 ▶▶（2小时）▶▶ 菲森 ▶▶（S-Bahn或巴士）▶▶ 新天鹅堡

路线 2

法兰克福 ▶▶（ICE40分钟）▶▶ 美因茨 ▶▶（ICE50分钟）▶▶ 科布伦茨 ▶▶（ICE经波恩70分钟）▶▶ 科隆

路线 3

法兰克福 ▶▶（ICE40分钟）▶▶ 美因茨 ▶▶（RB或RE）▶▶ 吕德斯海姆 ▶▶（莱茵游船1.5小时）▶▶ 圣高尔（St. Goar）

▶▶ 返回法兰克福或续至科布伦茨

德国火车小旅行

搭机从法兰克福入境德国，如果只想轻松一点，那么不妨从法兰克福开始，到周边的城市旅游，让小旅行成为你德国之旅的开胃菜，再慢慢向远方探索。

法兰克福 Frankfurt

法兰克福的全名为“美因河畔的法兰克福”，因为原本在东德境内也有一个名为法兰克福的地方，因此，在统一后加上了城市附近的河流以示区分。

法兰克福是世界著名的商展、书展与金融中心，也是德国高科技产业的代名词、世界知名汽车品牌总部所在地。然而，法兰克福却不因此而变得僵硬、有距离。美因河（Main）为这个以金融、展览、运输而闻名的大都会增添了一份柔美，不论是在河边散步、喝露天咖啡或在桥上眺望城市的每个角落，都能感受到法兰克福独特的城市韵致。

德国高速铁路ICE从法兰克福有绵密的车次开往德国各大城市，前往大学城海德堡只需50分钟，到南方重镇慕尼黑才两个半小时，往西到科隆约1小时10分钟，往东到柏林约4小时。提醒您：德铁以准时发车、靠站闻名，不论您是从法兰克福进行小旅行或大旅行，千万要和火车一样准时，以免耽误行程。

城市情报 www.frankfurt.de

旅游信息 www.frankfurt-tourismus.de

展览中心官网 www.messefrankfurt.de

歌德之家

Goethehaus

GroBer Hirschgraben 23-25

www.goethehaus-frankfurt.de

极受德国人崇敬的文学家歌德，诞生于法兰克福。虽然这座建筑物在第二次世界大战时曾化为瓦砾，但战后德国人凭着惊人的毅力与无上的敬意重建。重建之后的歌德之家，据说与原本的摆设一模一样，就连房舍建筑技术也是完全仿古，一砖一瓦都不马虎。不仅如此，就连歌德之家所在的小巷子，也依旧保持着文雅的气氛，让人更能进入歌德文学中的古典世界。

歌德诞生于一个相当富裕的家庭，他的成长轨迹，在歌德之家都可以一一寻访，诞生的房间、2楼的音乐室、撰写《少年维特之烦恼》的房间等，都保持原貌。就算没有读过歌德的书，这座原貌重现的老屋，也可让人一窥17世纪富裕阶层的生活样貌。

采尔购物区 | Zeil

搭S-Bahn或U-Bahn于Hauptwache站或Konstablewatch站下车

采尔购物区是全法兰克福、也是全德国最迷人的购物区，有众多的商店与百货公司，是采买德国的名牌如双立人牌(Zwilling)刀具、勃肯鞋(Birkenstock)等的好地方。值得一提的是，由于此区邻近法兰克福市中心，百货公司高楼层的餐厅特地设计成开放式用餐空间，可将法兰克福栉比鳞次的摩天大楼天际线一览无遗，其中包括欧元中央银行所在的大楼。

欧铁经典路线大进击

法兰克福现代艺术美术馆

Museum für Moderne Kunst Frankfurt am Main

Domstraße 10, 60331 Frankfurt am Main

www.mmk-frankfurt.de

由于建筑造型为三角形而被昵称为“蛋糕切片”的法兰克福现代美术馆，开馆已超过25年，最初的收藏品来自一位企业家的捐赠，此批收藏品大多是20世纪60年代的波普艺术。

萨克豪森 | Alt Sachsenhausen

搭S2-6可达

位于美因河对岸的老街区，有着法兰克福往昔的风味，区内有超过120家的酒吧，提供法兰克福代表饮料苹果酒。

苹果酒（Apfelwein）是一种将苹果榨汁后发酵而成的水果酒，堪称是最典型的法兰克福当地饮料，酒精浓度不高，喝时酸酸凉凉。基本上，这种酒在市区的高级餐厅或大饭店都喝不到，而是要在带有乡土气息的小馆子才有。

海德堡
Heidelberg

海德堡，以优雅的文学风貌得到许多游客的喜爱。依偎在内卡河畔的典型老桥、井然有序的红瓦屋顶，是许多文人笔下的浪漫城市。马克·吐温及歌德都曾赞颂它的美丽，它也是许多新婚夫妻度蜜月的首选。

由法兰克福搭乘ICE到海德堡，约50分钟就到了。在火车站搭公交车12、41或42路在海德堡大学广场“Universitätsplatz”站下车，即到城内；搭34号公交车在“Alte Brücke Nord”下车，即抵海德堡老桥。火车站前有游客中心可提供协助，也可购买海德堡卡，参观景点及搭乘交通工具可享优惠。

海德堡游客服务中心

Willy-Brandt-Platz 1, 69115 Heidelberg（火车站前）

www.cvb-heidelberg.de

海德堡古堡 | Heidelberger Schloß

http://www.heidelberg-schloss.de/

海德堡古堡，在17世纪末的战争中毁于法国人之手，一面浮雕依然精致地高耸于城墙上，不难想象当年的盛况。18世纪因战争全毁的海德堡市区，整座城市后来依原貌重建，而重建的建材，正是来自堡内的石材。古堡内有个巨大的木制酒桶（Das große Fass），游客可以登上酒桶参观，酒桶对面的矮人佩奇欧，负责看守酒桶，其身旁的钟据说是他自己的发明。

悠静的城堡花园（Im Schlossgarten）内有多次造访海德堡的歌德的塑像，他曾赞誉海德堡是“把心遗忘的地方”。离塑像不远处是他最爱的石椅，椅子上雕有心形叶子，他曾用这种植物为心爱的人做了一首诗，椅子上仍刻着那首诗。

海德堡大学 | Universität Heidelberg

www.uni-heidelberg.de/index_e.html

德国历史最悠久、也是欧洲最古老的大学，创校已超过600年。在如此漫长的校史中，这所大学与这座城市几乎已是合为一体了。海德堡因这所大学而更添人文气息，大学也因这座城市而更显出地杰人灵。据统计，海德堡人口中有五分之一是学生。因此，海德堡这座城市在古老的外表下，有一颗年轻的心。

一般印象中，在文学与哲学方面声誉卓著的海德堡大学，现在已经是一个拥有3万名学生的大型学校，其中有许多是来自不同国家的留学生，以天文学、国际法及原子物理学最负盛名。

海德堡之吻 | Student's Kiss Café KNOSEL

Haspelagasse 20, Heidelberg E-mail：info@cafet-hd.de www.cafek-hd.de

旅德作家郑华娟的著作中提到的著名巧克力“海德堡之吻”（Students'Kiss），可在Café KNOSEL买到。郑华娟书中提及，20世纪初到海德堡求学的女学生，都有家仆或是女教母跟在身旁，少男少女们就秘密传递这种名之为“吻”的巧克力给对方，用来表示自己的情意。拥有100多年历史所酝酿出的特有情调，让这种巧克力成为海德堡最浪漫的纪念品。

学生监狱 | Karzer

Alte Universität, Grabengasse 1
meissner@zuv.uni-heidelberg.de
www.uni-heidelberg.de/university/museums/index.html

在旧海德堡大学里，有一座学生监狱，违反校规的学生，例如酗酒、影响夜间安宁等，就要被关在这个禁闭室内。这样的禁闭室对当时的学生来说，就像是生活的一部分，游客可以在里面看到当时学生在墙上的涂鸦及内部陈设。

圣灵教堂

Heiliggeistkirche

Marktplatz

www.heiliggeistkirche.de/

哥特式的圣灵教堂建自1398年，曾是历代选帝侯的安葬地。教堂曾以丰富藏书闻名，这些无价之宝后被运至罗马，约有800册德文手稿及原稿获得归还，目前收藏在海德堡大学的图书馆内。登上塔顶，可以将海德堡全市看得一清二楚，别有一番浪漫的古城风情。

哲学家之路

Philosophenweg

Philosophenweg, Heidelberg, BEW 69120

www.heidelberg.de/Altstadt-Information/english/Sektor03/Sektor03_philosophenweg.htm

从老街区穿过老桥（Alte Brücke）往哲学家之路走来，会先经过一段不算短的灌木丛小路，即使是大白天，这段还有老城墙遗迹的小路还是略显昏暗，你只能低着头，拾级前进；但经过这条幽暗隧道，走上位于山腰的哲学家小路之后，视野马上为之一亮，整个城市都呈现在你眼前。德国人说，这就是哲学：让人生路由黑暗走向光明（from darkness to light）。

斯图加特
Stuttgart

从海德堡搭ICE前往斯图加特约40分钟。在这里可以购买德国黑林山地区最著名的咕咕钟，并品尝黑林山地道的美食，像气泡矿泉水、水果酒及加了樱桃的白兰地、加了樱桃果粒的黑森林蛋糕。

斯图加特游客中心

Königstraße 1a, 70173 Stuttgart

www.stuttgart-tourist.de/index_ENG.htm

斯图加特是巴登——符腾堡州的首府，也是黑林山区内最大的城市，但是斯图加特市的人口也不过60万人。因此，尽管拥有许多世界一流的工厂——奔驰汽车、保时捷汽车、可口可乐等，但斯图加特市区却拥有极广阔的绿地与公园，在距国铁总站徒步仅5分钟路程的山坡上就有葡萄园，市中心最热闹的国王大街沿路就是歌剧院与皇家花园，还有一条贯穿整个市区、绵延整整8公里的绿地散步道——绿色的U。让人惊叹原来工业城也能有如此悠闲的生活步调与绿化空间。

路德维希堡皇宫 | Schloß Ludwigsburg

Schlossstrasse 30, 71640 Ludwigsburg

这座城堡又被称为“史瓦本的凡尔赛宫”，共有18栋楼、452个房间。

路德维希堡皇宫内的家具与艺术画作等用品，于第二次世界大战期间在居民的合作下迁去他处保管，战后才再度迁回宫内，因此这儿的皇宫并不是空荡荡的建筑样品而是保有重现18世纪盛况的原貌。

奔驰博物馆

Mercedes-Benz Museum

Mercedesstr. 137, 70322 Stuttgart Bad Cannstatt / Unterturkheim

www.mercedes-benz.com/museum

奔驰不只是世界首屈一指的汽车，事实上，它也是世界上第一座大量生产汽车的工厂，这个工厂的建立地点，就在斯图加特。斯图加特的奔驰博物馆，展出内容相当丰富，堂堂3层楼的建筑中，展出了古董车、豪华轿车、F1赛车及各级奔驰汽车。

保时捷博物馆

Porsch Museum

Porscheplatz 1 (Porschestr. 42) , 70435 Stuttgart-Zuffenhausen

保时捷是制造发明跑车的家族，从20世纪初，汽车制造业刚刚萌芽，费迪南·保时捷(Ferdinand Porsche)就秉持开拓精神来思索汽车，认为汽车不只是乘载工具，更是一种科技与人性的结合。因此，来到斯图加特，更别忘了来这座博物馆朝圣。位于工厂内的保时捷博物馆，外表平淡无奇，里面却是爱车者的宝山。

科隆
Köln

从法兰克福搭乘ICE约1小时10分钟可达，若从乐圣贝多芬的诞生地波恩来此，搭ICE只需30分钟。从法兰克福出发顺着莱茵河游览美因茨、科布伦茨、波恩及科隆，可从科隆折返回法兰克福。

科隆游客中心推出“科隆欢迎卡”（The Köln Welcome Card），提供87种市区旅游的优惠服务。

KölnTourismus GmbH, Unter Fettenhennen 19, D - 50667 Köln

www.koeln.de/tourismus/koelntourismus/en/

教堂(Kirchen)、酒馆(Kneipen)、嘉年华会(Karneval)这3K是科隆的特色。举世闻名的科隆大教堂总能吸引川流不息的人潮；而旧城区林立的酒馆也带给游客亲炙当地风情的魅力，再加上每年盛大举行的嘉年华会游行活动，在在让科隆的城市风情更显独特而华丽。

科隆大教堂
Köln Dom

从科隆中央车站出站即可见
Dompropstei Margarethenkloster 5, 50667 Köln

www.koelner-dom.de

科隆大教堂有着许多传说——传说它已经盖了将近800年还没完工、是人世间最靠近上帝的所在、是地球上最完美的哥特式建筑……不论你是不是教徒，来到德国，一定要到科隆来看看。

哥特式风格的科隆大教堂，从1248年开始兴建，1265年完成了主祭坛与圣咏台，但一直到1322年这座祭坛才开始正式使用；接下来的建设则进度缓慢，1560年之后，教堂甚至完全停工了，直到1842年普鲁士王国兴起才为今日的规模重新打下基础。1880年，威廉一世将最后一块基石放置于南钟塔，象征性的完工。但事实上，小规模的修缮工程，从未停歇。第二次世界大战时，科隆受到严重破坏，幸运的是，大教堂在联军的刻意保存下得以幸存。

主祭坛之回廊是科隆大教堂最古老的部分，共有7个小圣堂，建造时期在1248年至1265年期间。而正门入口高处的巴伐利亚彩窗，则是在1842年由巴伐利亚国王捐赠给教堂的。

其他像哥特式座位区（Gothic Stalls）、东方三圣人金圣龛（Shrine of the Three Kings）、米兰圣母像（Mailänder Madonna）、飞扶壁、彩绘玻璃等，都是来到科隆大教堂不能不看的至宝。

巧克力博物馆

Schokoladenmuseum

Imhoff-Stollwerck-Museum, Rheinauhafen 1a, 50678 Köln

www.schokoladenmuseum.de

巧克力博物馆除了展示巧克力的起源、发展过程、神秘与风光的岁月、各民族对巧克力的文化情结外，现场还制作巧克力美食供人品尝。

最棒的是，巧克力博物馆外有一大片露天的阳台，一边品味香浓的巧克力，一边欣赏科隆大教堂的英姿与莱茵河畔风光，真是一大享受。

旧城区

Alte Stadt

环绕科隆大教堂周围至莱茵河畔，就是科隆主要的旧城区。区内最多的建筑物，不是教堂就是酒馆，以及橱窗有许多可爱摆饰的商店街，只要靠步行，大抵就能把旧城区逛一圈。

世上最老的香水品牌“Eau de Cologne – Farina”其专卖店就在科隆市区；而另一个“4711”也是老牌的古龙水，于1792年由Wilhelm Muehlens研发，4711这个数字是拿破仑征服欧洲各地时，在此所画下的门牌号码。

科隆大教堂后方的大圣马丁教堂（Groß Sankt Martin）前的小广场，站立着图能斯与雪尔（Tünnes & Schäl）的两座雕像，瘦长的雪尔代表“机灵与投机取巧”的士绅，Schäl是斗鸡眼的意思，暗喻并非典型科隆人；而矮胖的图能斯代表传统的农夫，穿着木鞋，虽较为笨拙，却总能识破雪尔的诡计。游客不妨摸摸矮胖的图能斯的鼻子，据说就会带来好运。

罗曼蒂克大道

罗曼蒂克大道最著名的就是巴伐利亚的英俊国王——路德维希二世戏剧性的一生，以及他穷毕生之力所建筑的梦幻城堡——新天鹅堡。取道慕尼黑前往这条德国最浪漫的旅程，且让路德维希二世华丽却悲伤的故事伴随你摆荡在现实与梦幻之间。

慕尼黑

München

慕尼黑是个对味蕾充满诱惑的城市，即使赶不上10月的啤酒节，平常也有许多去处可让你大口喝酒吃肉，别忘了试试著名的慕尼黑白香肠(Muenchner Weisswurst)，还有地道的甜点七层巧克力蛋糕(Prinzregententorte)。

从法兰克福出发前往著名的罗曼蒂克大道，不妨搭ICE经海德堡、斯图加特来到南方重镇慕尼黑，从斯图加特到慕尼黑约需2小时30分的ICE车程。

慕尼黑游客中心

www.muenchen.de/Rathaus/tourist_office/57799/

@ gaestefuehrungen@muenchen.de

玛丽恩广场 | Marienplatz

Marienplatz 从火车站步行到玛丽恩广场约20分钟

玛丽恩广场就是慕尼黑的市中心，也是游客游览慕尼黑的起点。以此为中心，慕尼黑最主要的景点如皇家啤酒屋、圣彼得教堂、皇宫博物馆、圣母马利亚教堂等，都在徒步可达的范围；周边还有百货公司、运动用品专卖店以及众多的餐厅、啤酒屋等。广场上的新市政厅每天早上11点及下午5点，都有乐音悠扬的壁钟演奏可看。

伦巴赫市立美术馆 | Städtische Galerie im Lenbachhaus

Luisenstr. 33

慕尼黑在20世纪初曾以蓝骑士画派（Blauer Reiter）在现代艺术上大放异彩，这个画派宛如昙花一现，仅在1911年与1912年办了两次画展，

少数主将甚至在30岁出头就因战争而身亡，但此画派的成就依然值得瞻仰。伦巴赫美术馆正是世界上蓝骑士画派作品最丰富、齐全的收藏地，可以看到康丁斯基（Wassily Kandinsky，1866－1944）及克利（Paul Klee，1879－1940）的作品。

皇家啤酒屋

Hofbräuhaus

Platzl 9 www.hofbraeuhaus.de

这家建于1589年的啤酒屋号称是世上最大的啤酒屋，可同时容纳3500人，供应德国最有名的“HB”啤酒，一杯一升的容量非常过瘾。

现场有巴伐利亚民谣表演助兴，让人很想每种啤酒都点来尝尝。推荐菜包括烤鸡、德国猪脚及慕尼黑著名的白香肠 (Original Muenchner HB-Weisswurste mit Brez'n)。啤酒种类众多，不妨让服务生来为你推荐。

奥林匹克公园

Olympiapark

Olympiapark München GmbH, Spiridon-Louis-Ring 21

www.olympiapark-muenchen.de

第20届夏季奥林匹克运动会于1972年在慕尼黑举办。然而，这座运动公园内的建筑物，在今天看来依然领先潮流。主建筑以蜘蛛网般的透明天幕互相连接，充满科技感却又相对开阔。园区内有一座高达290米的展望塔，正好让人可以从上往下将此座杰出建筑一览无遗。

宁芬堡宫 | Schloss Nymphenburg

Schloss-und Gartenverwaltung Nymphenburg Eingang 1, 80638 München

sgvnymphenburg@bsv.bayern.de

宁芬堡宫是当时的选帝侯为庆祝刚出生的孩子而建，后来成为历代巴伐利亚选帝侯和国王的夏宫。在1664年建造之初，由一位意大利建筑师规划成方形的宫殿，经过五任统治者的不断扩建，终于成为今日的模样。

它同时也是路德维希二世出生之地，在里面可见其肖像及婚礼用的马车；而其祖父路德维希一世下令将餐厅改为美人画廊，除有当时各阶层的美女画作外，让路德维希一世退位的女舞者劳拉也在其中，是最令人惊羡的厅堂。

圣母教堂 | Frauenkirche

Frauenplatz 1

有着双塔圆顶造型的圣母教堂，是慕尼黑象征性的地标建筑物，已有500年的历史。在这个慕尼黑第二老教堂里面，可见到现任教皇本笃十六世（Papst Benedikt XVI）的肖像。

这座教堂整体风格属晚期哥特式，但高达100米（约33层楼高）的双塔却是东正教的洋葱状，据说洋葱双塔是因为啤酒杯就长这样，为啤酒之都慕尼黑的精神象征。

老彼得教堂

Peterskirche (Alter Peter)

从玛丽恩广场徒步约3分钟可达

眺望玛丽恩广场最好的角度，就在老彼得教堂的钟楼。为什么叫“老”彼得，是因为它是慕尼黑最老的教堂。教堂建于11世纪，要登上塔顶只得沿着一圈圈非常神奇的木梯，一段一段地爬到塔顶。在享受最远可达阿尔卑斯山的好风景前，请先准备好爬约300阶的楼梯。

Alois Dallmayr美食馆

Alois Dallmayr

Dienerstr. 14从玛丽恩广场徒步约5分钟可达

www.dallmyr.de

慕尼黑生活水平之高无可挑剔，Alois Dallmayr美食馆里的食物与饮料则可满足每张挑剔的嘴。咖啡、红茶、雪茄、烟酒、奶酪、火腿、巧克力，在这儿都已经准备好了各种顶极品，还有琳琅满目的熟食区，不可错过。这家店是德国代表性选购礼物的食品馆，不但装潢亮丽，就连来此选购的客人也或时髦或端庄，派头十足。来此购物，除了买东西，还可更靠近德国人的好生活。

菲森
Füssen

从慕尼黑坐两个多小时的火车可抵达菲森。若从法兰克福直接前往，搭罗曼蒂克大道专车， 08:00出发，约17:10即可抵达菲森。您可视时间在菲森停留半天或用餐后前往新天鹅堡。

菲森游客中心Füssen Tourismus und Marketing

Kaiser-Maximilian-Platz 1, D-87629 Füssen。

tourismus@fuessen.de，

www.tourismus-fuessen.de/244.0.html

菲森，是罗曼蒂克大道南边的终点，位于阿尔卑斯山脚下，壮丽的山湖风光，更有着新、旧天鹅堡点缀其中。新天鹅堡是德国最具代表的城堡，集童话与梦幻于一身。为了一睹风采，游客大多会经过此地，让小镇能继续保持繁华、热闹。

旧天鹅堡郝恩修瓦高城
Hohenschwangau

售票处在Alpseestr. 12, 87645 Hohenschwangau

从菲森搭公交车至郝恩修瓦高，从购票处步行到城堡约20分钟，也可搭马车上去，马车上山费用一人€3.5、下山€1.5

这座城堡位于郝恩修瓦高，是由马克西米利安二世（路德维希二世的父亲）买下，再照中世纪风格重建，又称“旧天鹅堡”。进入城内参观需在规定的批次、时间内进入。不过，城堡外面的客房开放参观，目前有厨房展示及纪念品出售。参观完城堡若还有时间，可从后方的小路出去，在经过一段从前国王马车专用的道路后，可见阿尔卑斯湖的秀丽风光。

阿尔卑斯湖 | Alpsee

www.schwangau.de/lake-alpsee-608.html

位于郝恩修瓦高城旁的阿尔卑斯湖，湖水清澈见底。天气晴朗时分，可见许多人在湖边野餐、戏水，沿湖漫步一圈约一小时，夏季还可租小船游湖，享受悠闲的度假时光。这里也是当地居民游泳的地方，据说路德维希二世也爱在辽阔的阿尔卑斯湖游泳。参观完新、旧天鹅堡后，建议来这里饱览阿尔卑斯山的秀丽风光。

圣曼修道院及菲森博物馆

Museum der Stadt Füssen im ehem.Kloster St.Mang

Lechhalde 3, 87629 Füssen

公元840年，奥格斯堡主教将这里改为圣曼修道院，在18世纪时建成巴洛克式建筑。目前内部是菲森博物馆，展示巴伐利亚皇室历史，包括历任国王肖像、路德维希二世预计建造的第4座城堡模型——鹰石山城堡（Schloß Falkenstein）等。

新天鹅堡

Schloß Neuschwanstein

从菲森（Füssen）搭公交车到郝恩修瓦高（Hohenschwangau），即可前往新天鹅堡。

Schloßverwaltung Neuschwanstein Neuschwansteinstr. 20, 87645 Schwangau

@ svneuschwanstein@bsv.bayern.de

www.neuschwanstein.de

新天鹅堡及郝恩修瓦高城购票中心（Ticketcenter Neuschwanstein - Hohenschwangau）

Alpseestr. 12, 87645 Hohenschwangau

@ info@ticket-center-hohenschwangau.de

www.ticket-center-hohenschwangau.de

新天鹅堡是德国最热门的旅游景点之一，据说迪斯尼乐园内的睡美人城堡就是由这座城堡得来的灵感。

这座城堡是由巴伐利亚国王路德维希二世兴建的，他在旧天鹅堡度过了童年，那座城堡内的中世纪传说及浪漫风格深深影响了他，进而建造了这座梦幻城堡。为此，路德维希二世花光了国库，对外借贷，并在死后留下庞大债务，所幸他所建造的新天鹅堡、林德霍夫宫（Linderhof）及赫尔伦基姆泽湖宫（Herrenchiemsee）每年都获得惊人的旅游收入，现在他的家族已跻身富人之列。

路德维希二世艺术天分独具，所采用的设计风格至今仍领导潮流，再加上他传奇的一生，这一切让新天鹅堡成为德国城堡之最。

三种方式亲近新天鹅堡

由售票处到新天鹅堡有三种方式：

1. 步行：从售票处至新天鹅堡有两条路径，各约35分钟和40分钟。
2. 马车：在售票处旁有旅游马车可搭乘（雪季无此服务），下车后需再步行5分钟。
3. 小巴士：在城堡饭店（Schloßhotel Lisl）前搭乘小巴士，在玛丽铁桥下车，步行15分钟可到。

瓦格纳与新天鹅堡

喜爱艺术的路德维希二世对瓦格纳赞赏有加，新天鹅堡内的油画题材多取材自瓦格纳的歌剧。五楼的歌剧厅也是全城堡最大的厅堂，壁画题材取自瓦格纳歌剧《帕西法尔》，很可惜，瓦格纳在歌剧厅建好前一年就去世了，无福享用。

城堡艺术巡礼

一楼的厨房保存得相当完整，先进的自动烧烤火炉，及随时供应的冷、热水，在当时都是非常先进的设计。

二到四楼分别是侍从房间、客房和国王的起居室。四楼的起居室在1884年建成，路德维希二世生前在这里只住了172天，最后被巴伐利亚政府以他发疯不适于任国王为由，连夜从新天鹅堡强行送到贝克王宫，并于三天后被发现死于湖中。

仆人房的墙边有个重要的小仪器，标示所有房间的名称，这是因为路德维希二世不喜欢接触人群，当他按铃时，仪器会发出铃声，并显示国王所在的房间，因此这里全天都有人守候在这个房间中，等待国王的召唤。

城堡内的洞窟还有个人工瀑布，运用石膏和麻絮，制成人造的钟乳石洞，令人叹为观止。

诗意莱茵河

不论是罗蕾莱（Loreley）妖魅的歌声，或是阳光酒乡、中世纪小镇……都将人们的思绪带向遥远的过去。莱茵河是德国最具魅力的大地之母、诗人的情人与音乐家的原乡。

莱茵河全长1320公里，是欧洲第三长河。从美因茨到科布伦茨的90余公里是莱茵河的精华区，光是古堡，从美因茨到科隆就多达60余座。每年4～10月以火车、游轮交替使用，是欣赏莱茵风光的最佳方式。

从法兰克福搭ICE到美因茨约40分钟。

美因茨游客中心（Touristik Centrale Mainz）

Brueckenturm am Rathaus, D-55116 Mainz

tourist@info-mainz.de

www.info-mainz.de

www.mainz.de/WGAPublisher/online/html/default/hpkr-5nkgnz.en.html

美因茨 Mainz

邻近美因河（Main）与莱茵河交汇处的美因茨（Mainz），城市起源于罗马时期，从8世纪起到1792年普法战争期间，美因茨的大主教是罗马教皇圣职的第二顺位人选，宗教地位崇高。

美因茨的许多建筑皆毁于第二次世界大战，战后再行重建。今日旅游美因茨，最重要的区域是环绕大教堂周围的旧城区与谷登堡博物馆。

GNTB/Keute, Jochen 提供

谷登堡博物馆

Gutenberg Museum

Liebfrauenplatz 5, 55116 Mainz

gutenberg-museum@stadt.mainz.de

谷登堡印刷术的发明影响欧洲文明深远，邻近美因茨大教堂的集市广场边，即设立谷登堡博物馆，重建谷登堡当时的工作坊。

馆内展示古老的印刷设备，最珍贵的展品是谷登堡当时印制的《42行圣经》，以圣经每页共有42行文字来命名，是世上仅存的47份善本中的一本，极为珍贵。

出身名门后代的约翰内斯·谷登堡（Johannes Gutenberg），出于自己的兴趣，并加上当时美因茨富商约翰·富斯特（Johann Fust）的财源之助，促成谷登堡在公元1445年成功发展出重要的活字版印刷术。

虽然谷登堡的印刷术迟至15世纪才发展起来，但却大幅降低了印刷成本；加上谷登堡发明的金属印版与油性墨水，使得谷登堡的活字版印刷术一推出即造成轰动，成为推动欧洲文明的重要助力。

美因茨大教堂 | Mainzer Dom

Domstraße 10（Pfarramt）, 55116 Mainz

www.kath.de/bistum/mainz/kirche/mzkirdmz.htm

美因茨最独特的地标，就是拥有6座高塔的罗马式美因茨大教堂。大教堂是在10世纪美因茨大主教Willigis（975~1011年在位）统治期间开始兴建，整体由赭红色砂岩所建成，教堂内有两座横向侧翼的设计，是大教堂最显著的特色。

大教堂内的主跨是12世纪的罗马风格建筑，教堂内处处是11到20世纪的墓碑与雕像。1669年到1774年间，完成巴洛克式的屋顶后，整栋建筑才大功告成。

尽管美因茨大教堂拥有巴洛克风格的屋顶、文艺复兴特色的喷水池，但是整体建筑风格仍为罗马式，屋檐前的装饰品味则带着浓浓的意大利伦巴第地区风格。

科布伦茨 Koblenz

科布伦茨自古以来战略地位重要，有“德国最美的角落”的美誉，其堡垒要塞也成为今日的旅游重点。

在莱茵河与摩泽尔河交汇处的三角地带，就是著名的德意志角（Deutsche Eck）。德国政府在1953年建了一座威风凛凛的将军与骏马纪念碑，象征德国神圣的统一（Monument to German Unity）。

从德意志角可以前往旧城区一带游玩，还可前往位于摩泽尔河边的葡萄酒村参观品酒。

从美因茨前往科布伦茨有两种选择：搭乘ICE约50分钟可达，或可使用德国通行证搭乘莱茵河游船，体验两岸风光。

科布伦茨游客中心（Koblenz Touristik）

Bahnhofplatz 17, 56068 Koblenz

@ info-hbf@touristik-koblenz.de

www.koblenz.de/touristik_kultur/koblenz_allgemeine_infos_e.html

埃伦布赖特施泰因要塞 Festung Ehrenbreitstein

Festung Ehrenbreitstein , 56077 Koblenz

www.koblenze.de

1018年，科布伦茨与埃伦布赖特施泰因要塞被赐给特里尔的大主教，一直由大主教所掌控。法军袭击时，科布伦茨被攻占，城里不少古老的塔楼与建筑受损严重。等到维也纳会议后，科布伦茨归入普鲁士王朝的领土，主要作为军事堡垒。

直到1962年后，科布伦茨才转型成为酒乡与旅游城市。

沿着莱茵河畔，游客来到科布伦茨，你会发现莱茵河岸逐渐宽广，两旁耸立的山壁逐渐远离，广大的腹地造就了科布伦茨的城市发展。放眼望去，科布伦茨虽是悠久古都，却因多次战役的破坏，如今重建的高楼林立的现代风貌，早已取代了冲突征战的历史伤痕，成为商业与旅游的莱茵大城。

游客要想了解科布伦茨的位置与现今市容，最好的办法就是来到埃伦布赖特施泰因要塞内居高俯瞰，将莱茵河畔的科布伦茨尽入眼中，往来穿梭的船只、著名的德意志角全都一览无遗。

除了拥有绝佳的瞭望视野外，埃伦布赖特施泰因要塞内还设有莱茵河博物馆，以及全德国最大的青年旅馆。

吕德斯海姆
Rüdesheim

素有“酒城”之称的吕德斯海姆，就跟莱茵河畔其他小镇一样，有着精巧典雅的木造屋，窄弄里处处是葡萄酒馆与酒吧，“鸟巷”德罗塞尔巷（Drosselgasse）名气响亮，小镇后的山坡上满山都是葡萄园。

制高点所在的胜利女神纪念碑与缆车也很有名，不妨散步或乘坐缆车上到纪念碑，在此欣赏莱茵河景致。

前往吕德斯海姆可搭乘德国区域性火车（RB）或区域性快车（RE）前往，它位于威斯巴登（Wiesbaden）和科布伦茨之间，站名是Rudesheim / Rhine。火车信息可上网查询：www.bahn.de或www.rmv.de

吕德斯海姆游客中心

Geisenheimer Strasse 22，D-65385 Rüdesheim am Rhein

@ touristinfo@t-online.de

www.ruedesheim.de/en/index.html

葡萄酒博物馆

Rheingauer Weinmuseum Brömserburg

am Rhein Rheinstraße 2　www.rheingauer-weinmuseum.de

吕德斯海姆有座莱茵沿岸最古老的城堡——建于公元9世纪的布罗姆斯堡（Brömersburg）。如今城堡辟为葡萄酒博物馆（Rheingauer Weinmuseum Brömserburg）。馆内一应俱全地展示酿造葡萄酒的工具、榨汁机及酒杯等，可供爱酒人士了解此地葡萄酒的辉煌历史。

吕德斯海姆缆车

Seilbahn Rüdesheim

www.seilbahn-ruedesheim.de/englisch/specials.html

吕德斯海姆缆车（Seilbahn Rüdesheim）为两人座的包厢式小缆车，于1954年建造。虽然当年有人担心缆车的兴建会危害到葡萄园的收成，但因缆车安静、干净、无噪声的特性，不但与当地相安无事，还是相当成功的旅游产品。

缆车全长为1400米，高度从100多米到300多米，海拔相差为203米，单程约10分钟，1小时可载600人，共有100间两人座包厢缆车，每年只在3月中旬到8月初的春夏时节营业。

尼德森林纪念碑与胜利女神像 | Niederwalddenkmal

www.niederwalddenkmal.de/english/

海拔225米的尼德森林纪念碑（Niederwalddenkmal），是1883年揭幕的，雕像高达10.5米，纪念碑底座高度也有37.6米，整体规模极为雄伟壮观。

纪念碑上最著名的雕像，就是英姿焕发、手挥长剑的Walküre女神雕像，也被称为代表日耳曼民族的“日耳曼尼”（Germania）胜利女神像。

在此居高临下，俯瞰莱茵河如银裳的衣带般蜿蜒翠绿的山谷，以及山谷间以红瓦装饰的古朴小镇，景致美妙无比，不同时节造访各有不同风景。

瑞士 Switzerland

以列车拥抱阿尔卑斯的美景

撰文◎刘文雯、朱月华、许斐莉　摄影◎汪雨菁、李美玲、庄明颖、杨志雄、张语倩

瑞士黄金列车和冰河列车路线图

瑞士的湖光山色一直是旅人心中的人间天堂，而瑞士的景观列车也以极高的软硬件质量与沿途优美的风景成为入门自助旅行者的首选。对于想要亲近瑞士好山好水的旅人来说，黄金列车与冰河列车是最佳的入门游程。

飞达旅游 提供

火车在瑞士，不仅仅是交通工具而已，更是饱览壮丽的阿尔卑斯山的绝佳方法。瑞士铁路主要由瑞士联邦铁路局(德文简称为SBB、法文简称CFF、意大利文简称FFS)经营管理，其他铁路支线及登山火车线路则由一些私人民营铁路公司负责。因境内多山，光是瑞士国铁即跨越了至少250处隧道、3600多座桥梁，而这些统计数字还不包括网络密集的私铁。

瑞士铁路约于1847年才开始发展，虽然境内被高山峻岭所包围，但凭着高超的铁路工业技术与毅力，使得瑞士终于成为全球铁路网最密集的国家。“欧洲联营火车票”（Eurail Pass）即是瑞士联合其他欧洲国家共同发行的。而即使是民营的景观列车，也以车次密集、舒适、清洁、准时、服务佳等特色，掳获全球游客的心。

瑞士列车种类与票种

在瑞士境内进出的地方列车除了有EC、IC、IR、EN之外，还包括邻近国家的高速火车，往来于跨国大城之间，包括德国ICE、法国TGV、意大利CIS等。串联地方小城镇者，则有区域列车D/RX（Fast train / Regio Express）提供服务。

由于车种复杂，建议游客在规划行程时最好不要一头陷入车种的迷宫里，不妨先研究比较划算的联票（或称通行证），才会简单些。

许多旅游达人在瑞士旅游时都会购买瑞士单国的国铁通行证（Swiss Pass），这是因为单国的通行证比跨国的通行证所提供的瑞士旅游优惠还多，在有效持证期间可无限次搭乘瑞士境内各种交通工具，包括火车、湖面游船、Post Bus、市区巴士、电车等，并可免费参观所有的博物馆（唯票价不含餐饮、订位及睡卧铺）。

此外，不论持有单国或跨国的通行证，都可免费搭乘黄金列车与冰河列车，但因这两种列车都非常热门，因此都要求乘客事先完成“强制订位”的手续。中国台湾业者飞达旅游表示，冰河列车非常不容易订到位子，游客最好在出发前两到三个月即着手订位。另外，若持跨国通行证搭乘冰河列车，从迪森蒂斯（Disentis）到采尔马特（Zermatt）这段必须另外付费。

瑞士国铁SFR（Swiss federal railways） http://www.sbb.ch

瑞士列车建议路线

路线1 黄金列车：布宁格景观列车（卢塞恩 ▶▶ 2小时 ▶▶ 因特拉肯）+蓝色列车（因特拉肯 ▶▶ 1小时 ▶▶ 双西蒙）+水晶景观列车（双西蒙 ▶▶ 2小时 ▶▶ 蒙特勒）

路线2 冰河列车：采尔马特 ▶▶ 5小时 ▶▶ 圣莫里茨

瑞士火车小旅行

苏黎世风景优美，旅游业发达。在展开火车之旅前，不妨先在苏黎世进行为期一两天的定点小旅行。

苏黎世 Zürich

利马特河(Limmat River)两岸的旧城区，是绝佳的旅游徒步区，包括知名的班霍夫街(Bahnhofstrasse)及苏黎世湖畔等旅游胜地，都可在一日之内完成步行。若持有瑞士国铁通行证 (Swiss Pass)，不需购票即可搭乘市区内的电车及巴士。

苏黎世国际机场(Zürich Flughafen)位于市区北方12公里处。可在机场搭火车直达市区，车程约20分钟；或搭乘机场换乘巴士，约30分钟一班。

苏黎世唯一的火车站——苏黎世车站(Zürich Hauptbahnhof)设有铁路咨询中心、旅客服务中心、邮局、兑换中心、餐厅、咖啡厅及公共浴室等，设施齐全。

苏黎世旅游局（Zürich Tourism）

位于苏黎世车站内

www.zurichtourism.ch

information@zurichtourism.ch

班霍夫街 | Bahnhofstrasse

位于利马特河西岸、苏黎世车站前

www.bahnhofstrasse-zurich.ch

起自火车站，迄于苏黎世湖畔的班霍夫街（Bahnhofstrasse），德文意为站前大道，长达1.4公里，集世界精品之大成，可媲美纽约的第五大道。靠近火车站这头的商店大多是服饰、钟表等精品店，愈近湖畔的商店愈平价。这里也是旧城区的一部分，保有不少古老的建筑和绿意盎然的中庭，供旅人歇脚。

格罗斯大教堂 | Grossmunster Cathedral

位于圣母大教堂对岸

www.sacred-destinations.com/switzerland/zurich-grossmunster.htm

格罗斯大教堂以雄伟壮丽的双塔式建筑著称，独特的造型为苏黎世的象征之一。古老的墓窖建于11世纪末、12世纪初，其余建筑为罗马人十字军东征时期所建，16世纪宗教改革者慈温利(Huldrych Zwingli)曾在此发表演讲，倡导“工作不忘祷告”(Pray and Work) 的言论。

市立美术馆
Kundthaus Zurich

Heimplatz 1

www.kundthaus.ch/cgi-bin/kundthaus?MT=main

位于旧城区的市立美术馆，距离格罗斯大教堂东方不远，门口摆着罗丹著名的雕塑作品《地狱之门》，馆内收藏许多瑞士画家的绘画、雕塑以及版画，大多数为19世纪和20世纪的作品。

圣彼得大教堂 | St. Peter Church

位于班霍夫街和利马特河之间

www.sacred-destinations.com/switzerland/zurich-peterskirche.htm

建于13世纪的圣彼得大教堂，是苏黎世最古老的教堂，钟塔表盘的直径长达8.7米，是欧洲钟面最大的钟塔，也是苏黎世一处明显的地标。

黄金列车

“黄金列车”(Golden Pass)，从德语区的卢塞恩湖畔(Lake Luzern)为起点，串联卢塞恩(Luzern)、因特拉肯(Interlaken)、双西蒙(Zweisimmen)、蒙特勒(Montreux)，一路延伸到瑞士西南部的法语区，抵达日内瓦湖畔，集瑞士景观之大成。

布宁格景观列车

Brünig Panoramic Express

黄金列车途中经过6处湖泊、3座高峰隘口，全程超过240公里，行驶时间约5小时，由3段景观列车连接组成：布宁格景观列车(卢塞恩→因特拉肯)、蓝色列车(因特拉肯→双西蒙)、水晶景观列车(双西蒙→蒙特勒)。

持有瑞士国铁火车票(Swiss Pass)、欧洲联营火车票(Eurailpass)、欧洲热门联营火车票(Europass)及黄金列车行驶路线的“点对点分段火车票”者，在票券有效期内可以搭乘黄金列车，不需另行购票，但搭乘前必须订位，并缴交订位费。

持瑞士国铁火车票(Swiss Pass)的旅客若想搭乘少女峰登山火车，可享7.5折优惠。

布宁格景观列车

www.myswitzerland.raileurpe.com/us/index.htm

瑞士国家旅游局 提供

卢塞恩(Luzern)▸▸▸▸因特拉肯(Interlaken)

卢塞恩旅游局(Luzern Tourism) www.luzern.org

因特拉肯旅游局(Interlaken Tourism) www.InterlakenTourism.ch

位于瑞士中央的卢塞恩是黄金列车的起点。境内两座高峰彼拉图斯山(Mt. Pilatus)和铁力士山(Mt. Titlis)四季景色截然不同，深受旅游客喜爱，值得停留1日选搭缆车上山览景。

卢塞恩到因特拉肯这段“布宁格景观列车”为窄轨铁路，沿途经过Alpnach、 Sarner、Lungern及Brienz四处

欧铁经典路线大进击

湖泊，平原及湖泊为主要景观，列车经过的最高点为布宁格隘口（Brünig Pass），海拔约为1007米。

黄金列车的第一段旅程的终站因特拉肯（Interlaken），是座依山傍湖的优美小城，也是著名的度假胜地。建议你不妨下榻于此暂住一两天，也可由这里换搭登山火车游览阿尔卑斯山著名的支脉——少女峰及希尔特峰。

黄金列车支线 1
因特拉肯(Interlaken)▶▶▶▶少女峰(Jungfrau)

少女峰铁道公司Jungfraubahnen www.jungfraubahn.ch

瑞士有则古老神话，描述天使下凡装点凡间，选中一座山谷，许下了祝福，传说中这座高山就是少女峰（Jungfrau）。

因特拉肯与少女峰之间有两条路线，一条是因特拉肯→Zweilutschinen→Lauterbrunnen（换车）→Kleine Scheidegg（换车）→峰顶；另一条是因特拉肯→Zweilutschinen→Grindelwald（换车）→Kleine Scheidegg（换车）→峰顶。

中途两度换车一方面是因调度的需要，另一方面可让乘客慢慢适应海拔的提升，选择不同路线上下山可享受不同的

景观之美。

少女峰登山铁路工程难度极高，令人赞叹的是，在100多年前就有人怀抱着理想，征服了高峰！名留青史的阿道夫·盖尔·齐勒（Adolf Guyer-Zeller）亲率300多名工人，在零下8摄氏度的低温测量山形和岩质，克服了列车爬升落差达3000米陡坡的困难，历经16年的奋斗，将齿轨铁路铺上海拔3454米的巅峰，铺陈出瑞士最著名的高山旅游铁路。

无数英雄的血汗换来的是让游客舒适地坐在车厢内，欣赏这片落差达3000米所带来的连绵绿意与雪山峻岭。登山铁道最后以长达7公里的穿山隧道精彩收场，为了让游客在登顶前就能亲炙雪峰及冰河的壮丽，环状隧道中特别辟建了Eigerwand和Eismeer两处停靠站，别忘了下车欣赏令人动容的景致。

坐落在海拔3454米处的峰顶车站于1912年8月1日诞生，迄今仍然是欧洲海拔最高的火车站，这里囊括了欧洲最高的餐厅及邮局，别忘写张明信片盖上少女峰特有的邮戳。

峰顶的斯芬克斯观景台（Sphinx Observatory）是登顶旅程的终点，海拔3571米的高度，可尽览Aletsch冰河奔泻千里的景象。

黄金列车支线 2
因特拉肯 (Interlaken) ▸▸ ▸▸ 希尔特峰 (Schilthorn)

在因特拉肯搭登山火车至米伦，转搭缆车登顶

在因特拉肯地区，能在气势上和名气上与少女峰平起平坐的，只有希尔特峰（Schilthorn）。

拜阿尔卑斯山多变的山势所赐，希尔特峰山脉一路迤逦，出现赏花、健行、登山、滑雪的顶级场地，一年四季的旅游主题配合着大自然轮番铺陈，毫无冷场可言。

和少女峰一样，希尔特峰也拥有登山火车的长处和优势。从因特拉肯一路蜿蜒到米伦（Murren），沿途散落着畜牧人家的木屋和肥硕的牛羊。米伦海拔1650米，距离因特拉肯约1小时的车程，这里弥漫着悠闲的度假气氛，可同时眺望少女峰、艾格峰及和尚峰，景观一流。

由米伦登上海拔2970米的峰顶仅需17分钟。1968年的007电影《女王密使》（*On Her Majesty's Secret Service*），以峰顶的旋转餐厅“Piz Gloria”作为拍摄场景，希尔特峰此后便以007为卖点，游客不仅可在放映室内观赏到邦德当年在希尔特峰顶与敌人搏斗的神采，并可在360度旋转餐厅里享用以邦德为名的早餐“James Bond Breakfast”。这里景观相当好，天气晴朗时，可以远眺周遭阿尔卑斯山群峰，甚至还可以看到著名高峰勃朗峰。

蓝色列车
Salon Bleu

黄金列车之旅的第二段，从因特拉肯出发，改搭BLS-L?tschbergbahn铁路公司所属的“蓝色列车”继续向前，此段的终点站为双西蒙。沿途景致以西蒙河谷的牧野风光为主。

蓝色列车BLS L?tschberg Railway Ltd.铁路公司

Travel Center, Genfergasse 11 CH-3001 Bern

www.bls.ch

reisezentrum@bls.ch

因特拉肯 (Interlaken) ▸▸ ▸▸ 双西蒙 (Zweisimmen)

双西蒙旅游局（Zweisimmen Tourismus） www.zweisimmen.ch tourismus@zweisimmen.ch

“蓝色列车”顾名思义，其车身主色系为蓝色，略带自然浪漫的意味。列车离开因特拉肯后，沿着图恩湖（Lake Thun）行驶，经施皮茨（Spiez）进入伯尔尼高地（Berner Oberland）上最壮丽的西蒙河谷（Simmen Valley）。

循着溪谷穿梭一阵，窗外的风光逐渐转变为草原景致，其中还点缀着许多肥硕的乳牛。上西蒙河谷以发达的乳牛业著

名，这里的乳牛宣称是瑞士品种最好的，主要以白色及红褐色带有圆形斑点的乳牛为主。

蓝色列车的终点站双西蒙，是上西蒙河谷中的重要据点，历史悠久，很遗憾的是，它在1862年惨遭火焚，除了旧城的圣母教堂，没留下可彰显其辉煌过去的证据。

水晶景观列车 Crystal Panoramic Express

黄金列车的第三段由MOB铁路公司经营，穿梭于双西蒙与蒙特勒之间。主要景观为法语区的乡村景致。

水晶景观列车

www.mob.ch

mob@mob.ch

双西蒙 (Zweisimmen) ▶▶ ▶▶ 蒙特勒 (Montreux)

蒙特勒旅游局（Office des Congrès et du Tourisme de Montreux）

www.montreux.ch tourism@montreuxtourism.ch

从双西蒙出发，旅客将转搭“水晶景观列车”继续黄金列车之旅，这趟旅程将从德语区转进法语区，体验另一番异国风情。

水晶景观列车是由MOB铁路公司（Montreux-Oberland Bernois）所经营，沿途尽是瑞士首屈一指的度假胜地，蓊郁的树林及肥沃的牧场构筑成典型的瑞士乡村景致。进入法语区后，随着柔美的法语此起彼落，景观似乎也变得更柔和。当列车驶进了葡萄园区时，终点站蒙特勒已近在眼前。

蒙特勒位于日内瓦湖的东侧，是著名的高级度假区，许多知名人士都选择在此过着半隐居式的生活，一流的顶级饭店衬着满山遍野的葡萄园，营造出世外桃源的美感。

来到蒙特勒，除了感受山水共一色的静谧气氛外，千万别忘到一些酒厂品尝美酒，并到西庸城堡观赏诗人拜伦的亲笔签名。

冰河列车

全世界游客到瑞士必游的冰河列车，总长300公里，一路穿越阿尔卑斯山，经过无数瀑布、冰川、峡谷、高原，景观变化多得令人目不暇给。

冰河列车全程票价为：头等车厢单程票€125.6、往返票€251.2；二等车厢单程票€75.6、往返票€151.2。持瑞士国铁火车票（Swiss Pass）搭乘冰河列车，全程不需额外付费；持欧洲联营火车票（Eurailpass）或欧洲热门联营火车票（Europass）者，必须另外购买采尔马特（Zermatt）到迪森蒂斯（Disentis）这段票。不论持何种票，冰河列车都强制要求必须事先订位。

冰河列车SSG

Schweizerische Speisewagen-Gesellschaft

www.fo-bahn.ch/etick.html

@ ssg-chur@ssg.ch

冰河列车（Glacier Express）的起迄站为采尔马特（Zermatt）及圣莫里茨（St. Moritz），你可以选择从采尔马特或圣莫里茨出发，途中虽然可以任意上下车，然而必须不“半途而废”，才算真正完成一趟冰河列车之旅。

冰河列车是三家私人铁路公司：RhB（Rhätische Bahn Railway）、FO (Furka Oberalp Railway)及BVZ（Brig-Visp-Zermatt Railway）分段经营，总长300公

里，车行时间约为5小时，共穿越91个隧道及291座桥梁，其中最低处为海拔604米的Reichenau，最高处则为海拔2033米的欧伯拉普隘口（Oberalp Pass）。

冰河列车经过的高山、冰河及加上田野风光多为绿、蓝、白柔色系，所以列车以“火红”的鲜艳外表为阿尔卑斯山系增色。因为隶属“观景火车”，冰河列车还特别设有超大型观景窗，有的还开了天窗，让视野更开阔，游客可将头手伸出车外，享受大自然的抚触。

每辆冰河列车都加挂了餐车，为了因应地形，不让饮料因上下坡而倾倒，火车上还特别设计了一款斜口状杯子，造型相当可爱，是很热门的纪念品。

圣莫里茨(St. Moritz)▶▶库尔(Chur)▶▶迪森蒂斯（Disentis）

冰河列车的这一段路线横跨了瑞士的罗曼语区与德语区，不但可以拜访冬季奥运举办地圣莫里茨，同时也能坐拥高山、河流与峡谷，地貌变化相当多端，能够满足喜欢赏景的人。

圣莫里茨 | St. Moritz

圣莫里茨旅游局(St. Moritz Tourism)

www.stmoritz.ch

information@stmoritz.ch

圣莫里茨海拔约1775米，身为瑞士东部高地的中心，曾是冬季奥运的举办地，更是瑞士著名的健康温泉中心，终年吸引许多登山、滑雪、养生爱好者前来。

从圣莫利茨出发后，举目所见尽是河流及峡谷。当冰河列车行经贝尼那隘口（Bernina Pass）时，贝尼那山峰群便尽收眼底，这里属于上艾格丁谷地区（Upper Engadine），沿路可见识谷地之美。这一段

上坡路段还将经过阿尔卑斯海拔最高的隧道阿尔布拉隧道（Albula Tunnel），海拔约1820米，长达5公里。

过了阿尔布拉隧道，即从罗曼语区进入了德语区，语言、文化、气候都有所不同——上艾格丁区温暖多阳，这里却寒冷多雾。

这儿同时也是多瑙河与莱茵河的分野，向东流的河水汇成多瑙河从黑海出海；向北去的溪流则汇成莱茵河由北海出海。

这段路程地形的起伏相当大，火车在海拔1788米的瀑列达（Preda）与1372米的伯尔根（Bergün）间行进，急遽下降又上升，充分考验铁道建造技术。

过了伯尔根，另有支线驶往欧洲最高的山城及滑雪胜地——达沃斯（Davos）。

库尔 (Chur) ▸▸ ▸▸ 迪森蒂斯 (Disentis)

Rhätische Bahn铁道公司 http://www.rhb.ch
库尔旅游局（Chur Tourismus） www.churtourismus.ch info@churtourismus.ch

冰河列车的这段路程将驶经瑞士最古老的城市——库尔（Chur），并且行经冰河列车的最低点，以及瑞士的大峡谷。

当铁路的主线往库尔方向前进时，冰河列车已驶进Graubünden谷地首府——库尔。从罗马帝国时期开始，库尔就是北阿尔卑斯山的重镇，可说是瑞士最古老的城市，如今还可见到一些罗马时期遗留下来的建筑。

从库尔到迪森蒂斯，火车将经过行程中的最低点，位于海拔604米的Reichenau，沿路并将欣赏到长达15公里的莱茵河峡谷，

谷中陡峭的石灰岩景致堪与美国大峡谷相比，因而有“瑞士大峡谷”之誉。

沿着河谷往前走，火车驶抵了迪森蒂斯，这里即为RhB铁路段的终点，转由FO铁路公司接手，游客从这里亦可转搭另一条观景火车“伯连那列车”（Bernina Express）前往意大利一游。

迪森蒂斯(Disentis) ▶▶安德马特(Andermatt) ▶▶布里格(Brig) ▶▶采尔马特（Zermatt）

冰河列车从迪森蒂斯一路往西南而行，最后抵达马特峰所在的采尔马特。一路行经冰河列车的最高点、冰河路段最有惊无险的险降坡，以及瑞士最美的城市——布里格，最后不妨在采尔马特进行小健行，感受来自阿尔卑斯群山的恩赐。

迪森蒂斯（Disentis）▶▶ ▶▶ 安德马特（Andermatt）▶▶ ▶▶ 布里格（Brig）

迪森蒂斯旅游局 www.disentis.ch/（仅有罗曼语及德语）
安德马特旅游局 www.myswitzerland.com.tw/tourism/city/city.asp?city=Andermatt
布里格旅游局 http://switzerland.isyours.com/guide/valais/brig.html

离开迪森蒂斯之后，火车开始借助钝齿齿轮慢慢爬升，一路攀升至此行程中的最高点，海拔2033米的欧伯拉普隘口（Oberalp Pass），伴随着隘口的是欧伯拉普湖，途中火车将会穿过800米长的长廊，这座长廊是为防范冬天雪崩专建的。

通过欧伯拉普隘口后便是一连串险降坡，此时你会听到急速的刹车声，不过别担心，冰河列车的安全不容置疑。没多久，列车下滑抵达安德马特。充满17世纪风情的安德马特，拜地形所赐，同样也是滑雪重镇，你如果爱好滑雪，不妨在此下车。

从安德马特到布里格间，充斥着无数峡谷及冰原的景观，其中以Goms区的艾格斯洪峰（Eggishorn）山脉最为壮观，从这里可以望见广阔的阿雷诗（Aletsch）冰河。越过冰河后，列车即进入隆恩（Rhone）谷地，而布里格已遥遥在望。

布里格为隆恩谷地上最早建立的城市，拥有瑞士最大的露天温泉，为知名的温泉度假胜地，也是往来于意大利及法国的中途站。布里格四周群山环绕，宛若人间仙境，被誉为是瑞士最美丽的城市。

布里格（Brig）▶▶ ▶▶ 采尔马特（Zermatt）

BVZ Zermatt Railway铁路公司 www.bvz.ch zermatt-bahn@bvz.ch
采尔马特旅游局（Zermatt Tourism） www.zermatt.ch zermatt@wallis.ch

从布里格开始，便由BVZ铁路公司接手，负责驶到终站采尔马特的运输服务。这段完全因旅游需求所建立的铁路，沿途更充满着连绵更迭的美景，除了一望无际的葡萄园，还不时散落着峡谷、小村落，善变的景观令人目不暇给。

经过7个多小时的行程，终点站采尔马特终于出现在眼前，冰河列车之旅到此也告一段落。位于阿尔卑斯山麓的采尔马特小镇，海拔1616米，最适合夏天登山避暑、冬季滑雪。

采尔马特占地不大，一条街就贯穿了整个小镇，精致可人。为保持这方净土，采尔马特禁止任何汽车通行，以防止空气污染，只有电动车、马车、脚踏车可入内。安步当车，优哉游哉地徒步逛街，是采尔马特最惬意又享受的旅游方式。

马特峰 | Matterhorn

马特峰 www.ski-zermatt.com/

采尔马特最著名的景观就是远近驰名的马特峰（Matterhorn），海拔约4478米，一柱擎天，峰顶终年白雪皑皑，山壁随着光线改变幻化出不同的面貌，留予人们无限遐想。

采尔马特最精彩的故事全与山有关，你不必担心登山技术不足，便捷的交通网可以助你轻易地登顶。

主要的登山路线有三，一是搭缆车上小马特峰（Kl. Matterhorn），眺望马特峰雄伟的身影；二是搭登山火车跨越冰河登上葛纳葛特（Gornergrat），尽情拥抱罗莎峰；三是搭乘高山地铁到史内加（Sunnegga），体验山间村落的风情。每一条路线都囊括大自然鬼斧神工的杰作，提醒你将行程安排得宽裕些，停留个两三天，采尔马特绝不会让你的假期留下遗憾。

意大利 Italy

载满南欧的阳光前行

撰文◎许斐莉、林志恒、李颀怡、吴素馨　摄影◎李美玲、林志恒、庄明颖

意大利欧洲之星路线图

电影里的意大利总是充满美酒、阳光、美食与俊男美女，来到意大利，请放慢脚步，调整你的作息时间，与他们一同享受慢活的乐趣、品尝得天独厚的美食……

意大利是欧洲最早发展高速铁路系统的国家，最早的一条线于1970年动工，1977年完成一部分并开始行驶于罗马与佛罗伦萨之间，但全线通车到1992年才完成；它的极速可达每小时250公里，平均时速约200公里，车程约90分钟。

意大利欧洲之星（Eurostar Italia）是目前通行于全意大利的高铁系统，时速最快约300公里，分为ETR 500、ETR 450/460/480及行驶于意大利与瑞士之间的ETR 470等。主要大城市如米兰、威尼斯、佛罗伦萨、罗马、那波利等都有欧洲之星串联，像从米兰直达威尼斯只需2小时35分。此外，意大利境内尚有IC Plus快速列车，可和欧洲之星合并使用，提高旅程效率。

意大利欧洲之星在2008年12月15日开通米兰—博洛尼亚（Bolonga）线，两地之间的行驶时间只要1小时；2009年底，跨越7省、斥资69亿欧元兴建的Turin-Salenrno高铁路线将全线完工，届时将是游客的一大福音。

通行证优惠超多

意大利火车通行证（Italian Pass）只卖给非意大利居民使用，出票后6个月内有效，3人以上购买可享2%的折扣优惠。

通行证的优惠很多，除了可以免费搭乘渡轮到西西里岛之外；头等舱持票者可免费搭乘行驶于罗马机场到火车站（Roma Termini）的“列奥纳多快速列车”(Leonardo Express)。还可免费搭乘IC (Inter City)和EC (Euro City)等列车，不需再付差额；在意大利境内可免费搭乘从米兰到佛罗伦萨、米兰到威尼斯的火车，但须事先订位并缴订位费。

此外，可在意大利多达2500家的B & B 家庭旅馆(Bed & Breakfast)享受5%的折扣，购买威尼斯卡(Venezia Card)也可打5%，若订utturno Italiano Hotels的房间，折扣最多可到40%。

意大利火车通行证优惠内容查询 www.trenitalia.com/home/en/bonuses.htm

意大利铁路 www.trenitalia.com或www.ferroviedellostato.it/

建议路线

对于初次搭乘火车在意大利旅游的人来说，一开始野心不要太大，因为有些旅游达人认为，在意大利搭火车的难度较高，多半都与民族性有关，因此最好要有随兴一点的心理准备。例如：列车到站或发车的时间可能会延误，或者是月台电子广告牌上的登车月台不会像预期般地那么早显示出来；再加上意大利人做事喜欢慢慢来，有时得花较长时间排队买票……如果用太严肃的心情对旅程有所期待，可能会让自己比较辛苦。

在这样的情况下，除了上下车要预留多一点时间之外，也最好在还不太熟悉意大利铁路系统之前简化你的游程。以下两条建议路线就是将意大利一分为二的入门玩法，路线1集中在北意大利，路线2集中在南意大利，两者都以罗马为进出点。

路线1

米兰 ▶▶ Eurostar1小时19分钟 ▶▶ 维罗纳Verona（朱丽叶之家乡）▶▶ Eurostar1小时14分钟 ▶▶ 威尼斯 ▶▶ Eurostar2小时39分钟 ▶▶ 佛罗伦萨 ▶▶ Eurostar1小时27分钟 ▶▶ 罗马（或可从佛罗伦萨搭普通列车前往比萨看斜塔，行车时间1小时15分钟，再到威尼斯）

路线2

罗马 ▶▶ Eurostar1小时36分钟 ▶▶ 佛罗伦萨 ▶▶ Eurostar 1小时27分钟 ▶▶ 罗马 ▶▶ 40分钟 ▶▶ 那波利 ▶▶ 渡轮1.5小时或水翼船 ▶▶ 庞贝或 ▶▶ 40分钟 ▶▶ 卡普里岛 ▶▶ Eurostar1小时27分钟 ▶▶ 那波利 ▶▶ 罗马

北意大利

北意大利是意大利旅游的精华区，包括时尚之都米兰、水都威尼斯、艺术重镇佛罗伦萨等，都是入门旅游者不能错过的重点。

米兰 *Milano*

米兰市区交通是由ATM公司营运，一张单程车票€1，在75分钟内可搭乘地铁及公交车，也可购买十次搭乘券（€9.2）。可以大教堂为起点，步行即可完成大部分的旅游景点。

旅客服务中心

Piazza Duomo, 19/A

http://www.milancitytourist.com/milan-tourist-office.html

公元222年，米兰被罗马人占领，开启了米兰的文明历程。“黑暗时期”一支来自中欧的蛮族伦巴第人，原本想经由北意平原前往法国，却发现这片富庶之地适于居住，因此就在这里生根，日后这个地区就称为伦巴第省(Lombardia)，省会便是米兰。

11世纪时，米兰建立弗里敦邦体制；13世纪进入领主的统治时期，维斯康提(Visconti)与斯福尔扎(Sforza)等重要的家族大量延聘来自外地的艺术家美化城市，其中最有名的是达·芬奇(Leonardo da Vinci)，他为米兰留下了《最后的晚餐》等不朽作品。

米兰大教堂

Duomo

搭1、3号线地铁在Duomo下车

www.duomomilano.it

米兰大教堂是仅次于梵蒂冈圣彼得大教堂、西班牙塞维尔大教堂的世界第三大教堂，也是米兰最大、最骄傲的地标。

教堂奠基于1386年，直到20世纪才算完成，前后几乎花了600年。参观重点包括纪念米兰主教圣乔凡尼·波隆的圣堂（The altar of Saint Giovanni Bono）、殉教圣人圣巴萨罗买（Saint Bartholomew）的雕像、圣母雕像、地下圣堂、冬季圣堂、彩绘玻璃等。

教堂立面共有五片铜门，每个门都描绘着不同的故事，主要大门是描述圣母的喜悦与悲伤。教堂屋顶是礼赞米兰宗教艺术之美的地方，除了可俯瞰米兰景致之外，最令人惊叹的是身处在为数众多的尖塔群中的感动，小雕像大约有3500多尊，几乎囊括了中古世纪的所有典型：圣人、动物及各种恶魔等，雕刻手法洋溢着浓浓的哥特式风格。

王宫

Palazzo Reale

在米兰大教堂旁，步行约两分钟

Piazza del Duomo

www.comune.milano.it/palazzoreale

王宫在11世纪时还只是不起眼的一幢建筑，14世纪时被维斯康提家族的阿佐内(Azzone)改建得美轮美奂，但到了斯福尔扎家族手中时却又褪去光华，16世纪时曾改为米兰经常性的剧院，年幼的莫扎特还曾在此演出，不过1776年毁于祝融之灾。

目前的新古典式建筑，是1778年为奥地利大公费迪南德而建的，内部的装潢与摆饰都是当时米兰贵族家庭的典范。1920年，意大利国王伊曼纽尔三世让出此宫，使之成为米兰市政府所在地，今天则是市立现代艺术博物馆。

斯卡拉剧院

Teatro alla Scala

从米兰大教堂步行约10分钟
Via Filodrammatici 2
www.teatroallascala.org

歌剧院的原址原是斯卡拉的圣母教堂，是14世纪时维斯康提(Bernabo Visconti)之妻斯卡拉皇后下令所建的。1776年，奥地利建筑师皮耶马利尼(Giuseppe Piermarini)将之改建成新古典风格；第二次世界大战时歌剧院遭炸弹炸毁，不过马上依原型重建。

内部舞台面积达1200平方米，可容纳两三千名观众的座位厅，以金漆木材配红绒布幕，金碧辉煌。

在一旁的斯卡拉剧院博物馆(Museo Teatrale Alla Scala)内，可看到歌剧巨星玛莉亚・卡拉斯(Maria Callas)的介绍，还有演员着剧服与民众互动的图片。

布雷拉美术馆

Pinacoteca di Brera

搭地铁3号线在Montenapoleone站下车
入口处：Via Brera 28
www.brera.beniculturali.it

布雷拉美术馆同时也米兰艺术学院的所在地，馆藏有15到16世纪的威尼斯画派与伦巴第画派作品及同时期的意大利中部画派、16到17世纪的法兰德斯及荷兰画作，最精彩的则是18到19世纪的意大利近代大师的作品。

24展览室的拉斐尔(Raffaello)《圣母的婚礼》(*Sposalizio della Vergine*)是绘于1504年的祭坛画作，仔细看，在后面圆形建筑上还有艺术家的名字呢。29展览室的卡拉瓦乔(Caravaggio)《以马斯的晚餐》(*Cena in Emmaus*)及37展览室海耶兹(Hayez)的《吻》等，都是不可错过的大师作品。

最后的晚餐

Cenacolo Vinciano

地铁1号线Cadorna站，出站后需步行一小段路
Piazza Santa Maria delle Grazie 2
www.cenacolovinciano.org/english/index.html

《最后的晚餐》绘于感恩的圣母马利亚教堂(Basilica di Santa Maria delle Grazie)，这座多明我会教堂建于15世纪末，完成后两年，被米兰公爵路多维柯摩尔改为斯福尔扎家族的教堂，带来文艺复兴的建筑元素，路多维柯摩尔更请达·芬奇于1494年到1498年为修道院餐室画《最后的晚餐》，这幅壁画成了绘画史上最重要的一幅。

《最后的晚餐》完成于1497年左右，画作的背景是耶稣知道自己将被门徒犹大出卖而被捕、受审、钉十字架，在前一晚和门徒晚餐时公布了这个消息，门徒窃窃私语或高昂的情绪溢满整个画作。

《最后的晚餐》完成后才50年就已毁损得颇严重，据说可能是所使用的颜料成分有问题；所幸1999年在科学界和艺术界的合作下，擦去脏物和非达·芬奇的真迹，而重现色彩，因此弥足珍贵。

购物商圈

介于拿破仑大道(Via Monte Napoleone)和史皮卡街(Via della Spiga)之间
搭地铁3号线在Montenapoleone站下车

米兰执世界流行之牛耳，介于蒙特·拿破仑大道(Via Monte Napoleone)和史皮卡街(Via della Spiga)之间的区域，是顶级名牌的集中地。包括Salvatore Ferragamo Valentino、Versace、Prada、LV等各种意大利名牌精品，在这里全找得到，想要逛完这区，可得花上不少时间。

威尼斯

Venezia

从罗马搭火车到威尼斯约需5个半小时，米兰搭火车需3小时，佛罗伦萨到威尼斯需3小时。

威尼斯有两座国铁火车站，圣路西亚火车站(Stazione di Santa Lucia，简称VE S. L.)一出站即在市区；另外一个威尼斯近郊车站在麦斯特雷(Mestre)，距离威尼斯约6公里，搭公交车单程约20分钟，很多人选择在麦斯特雷住宿，避开威尼斯的高物价。

从罗马广场步行到各旅游景点很容易迷路，搭乘水上巴士或贡多拉(Gondole)游是不错的选择。水上巴士的船票可在游客中心或是ACTV售票处购买，要特别注意船票的有效期。贡多拉游船一艘船最多坐6人，可和其他旅客共乘分摊费用。

游客中心在圣路西亚火车站及罗马广场斜对面，可购买威尼斯卡(Venice Card)、博物馆卡(Museum Pass)及水上巴士船票。

威尼斯游客中心

APT Venezia，Castello 5050, 30122 Venezia

www.turismovenezia.it

@ info@turismovenezia.it

威尼斯是个建筑在潟湖上的城市，呈S形的大运河是当地160条运河中最主要的一条；圣马可广场是威尼斯的政治重心，广场周围也是威尼斯最热闹的区域，清晨时分有时还可看到水淹圣马可广场的景况。

文艺复兴在威尼斯发光发热，继佛罗伦萨、罗马之后，提香、丁托列托(Tintoretto)、委罗内塞(Veronese)等知名艺术家群集威尼斯，成为当时文艺复兴的第三大中心。在威尼斯还可看到其他建筑风格，如拜占庭式、哥特式、古典艺术、巴洛克等，是名副其实的艺术之城。

圣马可大教堂

Basilica di San Marco

搭水上巴士到S. Marco Calle Vallaresso站，有时巴士会停到S. Marco站

www.basilicasanmarco.it/

传说，当圣马可来到威尼斯时，曾经梦到天使告诉他，这里将是他的安息之所，因此在公元828年，两个威尼斯商人便从埃及亚历山大的伊斯兰教徒手中，偷回圣马可的遗骸，当地居民便建了一座伟大的教堂来存放圣人的遗体。

目前的教堂是11世纪重建的，教堂内外充满拜占庭风格的马赛克镶嵌壁画，五个东方特色的大圆顶也让它格外醒目，内部还有哥特式及罗马式的雕刻。教堂中间最后方的祭坛黄金饰屏(Pala d'Oro)，高1.4米、宽3.48米，上面有2000多颗各式宝石，价值连城。

其他的参观重点包括中央大拱门的罗马式浮雕、正门上方的四匹铜马、教堂正面半月楣的马赛克镶嵌画、“圣灵降临”圆顶、圣马可祭坛等。

圣乔凡尼与圣保罗教堂

Santi Giovanni e Paolo

Ospedale Civile站

www.savevenice.org/site/pp.asp?c=9eIHKWMHF&b=67636

威尼斯两座最大的哥特式教堂之一，由多明我会教士从13世纪起一直建造到15世纪，于是有了今日如此庞大的规模。

教堂亦被称为威尼斯共和国时期统治阶层的万神殿，里面葬了25位总督，有些墓碑雕刻得美轮美奂，颇值得参观。

圣母马利亚奇迹教堂

Santa Maria dei Miracoli

水上巴士在Rialto站

www.chorusvenezia.org

这座小巧的教堂很叫人惊羡，躲在不起眼的小巷弄里，傍河而立。它建于15世纪后半叶，属于文艺复兴前期的风格。圆柱形屋顶覆盖于长方形的主体上，形成半月眉状的特殊正面；外部全被饰以仔细切割的彩色大理石，像一个精致的珠宝盒般。因此这座深受水都居民所喜爱的教堂，又被称为“威尼斯文艺复兴的宝石”。

圣马可广场

Piazza di San Marco

圣马可大教堂前

www.museicivicivenezian i.it

圣马可广场是威尼斯嘉年华会所在地，周边建筑群包括圣马可大教堂、钟楼、总督宫(Palazzo Ducale)、新旧检察官邸、市立科雷博物馆(Museo Correr)等。自古以来，骚人墨客流连于此，拜伦、海明威都对这里的风情赞颂不已。

总督宫是历任威尼斯总督的官邸所在，这座晶莹细致的哥特式建筑，完成于9到15世纪。从圣马可教堂旁边的Porta della Carte可进入总督宫一楼中庭，由东侧的黄金阶梯可上到二、三楼，参观每一间的湿壁画，其中最值得一看的是三楼会议大厅里的巨幅壁画《天国》，它是威尼斯艺术巅峰时期的代表作。

连接着总督宫和旁边的地牢的是大名鼎鼎的叹息桥(Ponte dei Sospiri)，建于1600年，是重刑犯入牢前的叹息地；据说恋人们若在桥下接吻就能天长地久。

其他的广场参观重点还包括广场入口的钟塔、旧大法官邸(Procuratie Vecchie)和它前面的油画咖啡馆Caffè Quadri）、新大法官邸(Procuratie Nuove)和它前面的花神咖啡馆(Caffè Florian)、科雷博物馆、雄狮小广场等。

黄金宫 | Galleria Franchetti alla Ca d'Oro

水上巴士在Ca d'Oro站 www.cadoro.org

1420年，威尼斯的贵族孔塔里尼(Marion Contarini)兴建这栋豪宅时，用了当时最昂贵的涂料，还加入了金箔使得外墙如黄金般耀眼夺目，多年来经过整建和大水的侵蚀，黄金屋已经褪色不少。

1915年，法兰克提男爵将它捐给威尼斯政府之后，才得以保存而成为今日的美术馆。馆藏以15世纪雕塑及绘画为主，提香的画是参观重点。

艺术学院美术馆

Gallerie dell' Accademia

水上巴士Accademia站

www.gallerieaccademia.org/

艺术学院美术馆是威尼斯艺术最大的收藏中心，收藏了14至18世纪威尼斯画派的主要作品，包含15世纪威尼斯画派开山始祖贝利尼(Bellini)兄弟、早夭的天才乔尔乔内(Giorgione)、明暗用色影响深远的卡拉瓦乔，还有16世纪的提香(Titian)、委罗内塞(Paolo Veronese)，以及18世纪的风景画大师卡纳莱托(Canaletto)等。

佛罗伦萨 Florence

由威尼斯搭火车至佛罗伦萨中央车站(Firenze S. M. N.)约需3.5小时，搭欧洲之星(Euro Star)约需2小时50分钟，持火车通行证者须事先订位并付订位费。从罗马特米尼火车站到佛罗伦萨约需2.5小时。

佛罗伦萨旅客服务中心

Plazza Stazione, 4

www.firenzeturismo.it/index.php?lang=en_EN

美第奇家族统治佛罗伦萨达三世纪之久，他们把人文主义的精神注入佛罗伦萨，奖励可以美化俗世的绘画、雕刻、建筑等各种艺术，形成文艺复兴时代。当时的大师如米开朗琪罗、波提切利等人，都在这股风潮中留下不朽的作品。

圣母百花大教堂 S. Maria del Fiore (Duomo)

从中央火车站可步行抵达

www.operaduomo.firenze.it

圣母百花大教堂重建于公元5世纪就已存在的圣雷帕拉达教堂上，一开始是根据冈比欧(Arnolfo di Cambio)的设计图建造，他死后历经几位建筑师，最后由布鲁内雷斯基(Filippo Brunelleschi)以突破性的手法建盖了大圆顶，让百花大教堂声名大噪。

与教堂正门相对的是八角形的洗礼堂，是佛罗伦萨最古老的教堂，描绘《旧约圣经》的东门，也就是因后来被米开朗琪罗赞叹而改称为《天堂之门》的铜铸作品。其他参观重点包括大圆顶上的湿壁画《最后的审判》、彩色大理石地面、圣雷帕拉达教堂遗迹、钟楼等。

旧宫

Palazzo Vecchio

www.italyguides.it/us/florence/palazzo_veccchio.htm

由冈比欧(Arnolfo di Cambio)于13世纪末所设计，是佛罗伦萨中古世纪弗里敦邦时期的代表建筑，当美第奇家族执政时，御用建筑师瓦萨利(Vasari)将其大幅修改，因此又混合了文艺复兴的味道。现在这里是佛罗伦萨的市政厅。

乌菲兹美术馆

Galleria degli Uffizi

Loggiata degli Uffizi 6　www.uffizi.firenze.it

这幢文艺复兴的建筑是由美第奇家族的科西摩一世委托瓦萨利于1560年所建，Uffizi意为“办公室”。

1737年，美第奇的最后一支血脉安娜·玛莉亚·路得维卡，把家族的收藏全数赠与佛罗伦萨，这才有了乌菲兹美术馆。镇馆之宝包括波提切利的《春天》(*Spring*)及《维纳斯的诞生》(*the Birth of Venus*)等。

碧提宫 | Palazzo Pitti

Via della Ninna, 5

www.polomuseale.firenze.it/musei/palazzopitti/

阿诺河对岸最大的建筑之一，原是15世纪中叶佛罗伦萨富商路卡·碧提(Luca Pitti)为了与美第奇家族互别苗头所建。大型方石砌成的外观是佛罗伦萨文艺复兴建筑的特色。

碧提的破产一度使工程停顿，1世纪后由美第奇家族接手，宫内挂满了美第奇家族的丰富收藏，全都依照最初摆放的方式展现，可以看出美第奇家族的品位。

南意大利

从南意大利古城罗马出发，阳光更充沛、古意更深。不论是拜访古典现代兼具的罗马，或是南意大利最大城市那波利、千年废墟之城庞贝，都是最能回味南意大利风情的最佳方式。

罗马 Roma

相传，罗马是由罗莫洛(Romolo)人于公元前8世纪中叶，在台伯河畔所建。罗莫洛人就是误中木马之计的特洛伊城被攻破之后，带领特洛伊人逃到意大利半岛的英雄埃涅阿斯的后裔。

15世纪时，为使罗马成为教皇的城市，教皇召来文艺复兴的艺术家，如拉斐尔、米开朗琪罗等，为罗马改头换面。16世纪的梵蒂冈富可敌国，在罗马修建无数的教堂、喷泉及纪念碑等，其装饰的繁复、极致程度，使罗马成为令人目眩的巴洛克城市。

几乎所有火车都会经过特米尼火车站(Stazione Termini)。在特米尼火车站可搭“Leonardo Express”列车直达Fiumicino机场，从火车站至机场约需40分钟。

有效期3天的罗马卡（Roma Pass）可免费进入前两个参观的博物馆，适用景点包括：阿皮亚古道公园、圆形竞技场、波各赛美术馆、国立罗马博物馆等约40个点，另有其他优惠并可免费搭乘大众运输工具。

www.romapass.it

旅客服务中心

Azienda di Promozione Turistica di Roma

Via Parigi 5

www.romaturismo.it/v2/en/main.asp

共和广场 | Piazza di Repubblica

搭地铁在Repubblica站下车

en.wikipedia.org/wiki/Fontana_delle_Naiadi

罗马特米尼火车站(Termini)前是一个很大的广场，是公交车总站，又称为五百人广场(Piazza dei Cinquecento)，几乎所有的罗马市公交车都会从这里发车。穿过广场向前走，不久就会看到共和广场，这里是旅游罗马的很好起点。

当地人习惯称呼共和广场(Piazza di Repubblica)为Piazza Esedra，意思是半圆形广场。广场中央是知名的仙女喷泉(Fontana delle Naiadi)，完成于1901年，是很近代的作品，四座女神雕像分别代表海洋(海马)、河流(水蛇)、湖泊(天鹅)、地下水(蜥蜴)。

西班牙广场 | Piazza di Spagna

地铁Spagna站 www.piazzadispagna.it/

无论何时来到西班牙广场都是人潮涌动，因此不易见到西班牙阶梯(Scalla di Spagna)的全貌；广场上的破船喷泉(Fontana della Barcaccia)也围满了人。

西班牙广场在帝国时期是山丘花园；17世纪时，西班牙大使馆在此设立；到了18世纪，这里就已经是罗马最繁荣的中心。

广场顶端有一根埃及方尖碑，方尖碑后的山上的圣三一教堂是由法国人于15世纪末所建的。广场的四周是罗马最著名的购物区之一，精品店栉比鳞次。

万神殿 | Pantheon

Piazza della Rontonda
www.romainteractive.com/pantheon.htm

公元前25年时，这里是罗马帝国居民献给众神的殿堂，110年毁于祝融后重建，采用许多创新的建筑手法，外观简单，内部装饰细致，给予后世的艺术家不少灵感。在佛罗伦萨圣母大教堂的大圆顶完工前，万神殿的圆顶一直是世界上最大的圆顶。

609年时，神殿改为教堂。被葬于此的除意大利的国王皇后外，还有文艺复兴三杰之一的拉斐尔(Raffaello)。

许愿池 | Fontana di Trevi

地铁Barberini站
Piazza di Trevi
http://en.wikipedia.org/wiki/Fontana_di_Trevi

和万神殿(Pantheon)只隔着一条柯索大道(Via del Corso)的许愿池(Fontana di Trevi)，是罗马境内最大、知名度最高的喷泉，前后花了312年才完成。

喷泉的设计灵感来自于罗马凯旋门，雕刻叙述的是海神的故事，背景建筑则是洛可可风的海神宫(Palazzo Poli)。这里曾是《罗马假日》的拍摄场景之一。如果想再来罗马，记得背对许愿池，由左肩向池中丢一枚硬币。

济慈—雪莱纪念馆

Keats-Shelley Memorial

搭地铁在Spagna下车，在西班牙广场旁

Piazza di Spagna26

www.keats-shelley-house.org

纪念馆的外观还保持着济慈到罗马旅行时的样貌，济慈在此度过了生命中的最后几个月，并死于这间纪念馆内；纪念馆内展示的是济慈、雪莱和拜伦的文物及手稿，也包括王尔德的创作手稿、华兹华斯的信件。该纪念馆是对浪漫主义文学有兴趣的人必定前往的朝圣之地。

希腊咖啡馆

Antico Caffè Greco

搭地铁在Spagna下车，从西班牙广场步行3分钟即抵

Via Condotti 86

www.wcities.com/en/record/,136265/10/record.html

于1760年开张的希腊咖啡馆，是当代艺术家最喜欢聚会与碰头的场所，包括诗人济慈与拜伦、大文豪歌德、勃朗特姐妹、王尔德、乔伊斯等，连比才(Bizet)、瓦格纳与李斯特等作曲家，也不曾错过这么一处优雅的咖啡馆。

咖啡馆今天依然高朋满座，大批的游客慕名而来。在意大利站着喝咖啡比坐在店内喝便宜，想要在这间名店喝便宜的咖啡，只要到柜台先埋单，再拿着收据到吧台等咖啡即可。

大圣母马利亚教堂

Santa Maria Maggiore

地铁站Termini下车

42 Piazza di Santa Maria Maggiore

www.sacred-destinations.com/italy/rome-st-mary-major.htm

据说，公元352年8月5日，一对有钱却膝下无子的贵族夫妇梦见圣母显灵，要他在现在圣母马利亚大教堂的地点上建教堂，于是，他们将财产全数捐出。教皇里贝利欧(Liberius)下令建造这座罗马最重要的圣母教堂。据说，教皇前去勘查建址时，发现虽是8月天但地上却有未经碰触的白雪，因此虔诚地建了圣母马利亚大教堂。因此，教堂还有另一富于诗意的名称：白雪的圣母马利亚教堂(Santa Maria della Neve)。

高75米的钟塔，是罗马最高的钟塔。每年的8月5日，教堂都会举行庆典以纪念352年的那场八月雪，当白玫瑰花瓣从天井撒下时，弥撒的气氛达到最高潮。

那波利

Napoli

那波利（那不勒斯）是南意大利最大的城市，气候温暖、土地肥沃，还有优良的港口，但也因此遭致许多外国势力的侵扰。各民族为那波利及南意大利带来不同的文化及生活痕迹，希腊、法国、西班牙的风味融为一体，特别是13到18世纪的欧洲品位对这里影响深远，现今多数的重要建筑多建于此时。不过，那波利人也没有失去自己的特色，17、18世纪的巴洛克时期，那波利也发展出自己的文化艺术主张，皇宫就是最大的代表作。

由罗马搭火车到那波利需1.5~2小时，主要火车站为中央火车站(Stazione Centrale)。由中央火车站的地下道步行约400米可到Circumvesuviana火车站，通往索伦托及庞贝。

那波利市区有公交车、地铁及缆车，买一张UnicoNapoli票可搭乘这几种市区交通工具。新堡前的Molo Beverello码头可搭船到卡普里、索伦托等小岛，这些短程船票可在码头购买。

旅客服务中心设于中央火车站内及新堡附近，古城区的服务中心。

Piazza del Gessu

www.inaples.it

新堡 | Castel Nuovo

piazza municipio

www.inaples.it/eng/dettaglio.asp?idp=443&cod=3&om=1

新堡也称为“安杰诺城堡”(Castel Angioino)，因为自1279年起，这座城堡是由法国安杰诺王朝的查理王所建，它与那波利湾另一座著名的城堡蛋形城堡相抗衡，过去曾是王室的住所。

城堡门口有一座文艺复兴式样的凯旋门，建于1467年，用以纪念西班牙阿拉贡王朝入主那波利。新堡内有个市立博物馆Museo Civico，收藏描绘那波利历史的绘画。

桑塔露西亚港

http://en.wikipedia.org/wiki/Santa_Lucia

著名民谣《桑塔露西亚》描述的就是那波利湾的这个小渔村。这儿有着非常宁静美丽的海岸风光，可眺望维苏威火山及那波利湾的景致。

蛋形城堡(Castel dell'Ovo)是座12世纪的古城，位于桑塔露西亚港(Porto di Santa Lucia)港边突出的堤岸上，最早是由法国诺曼底的威廉一世所建，很长一段时间都作为监狱使用，现在港口与城堡已成为那波利的代表景致之一。

皇宫 | Palazzo Reale

piazza del plebiscito n.1

www.inaples.it/eng/dettaglio.asp?idp=17&cod=4&om=1

那波利（那不勒斯）皇宫的正面外观相当壮观，有八尊象征那波利王朝的大理石雕像，是那波利巴洛克建筑的代表。

皇宫原建于1600年西班牙统治时期，一直到18世纪之前，这里都是那波利王的住所。皇宫内部设有一个小型的宫廷剧院，还有规模不小的国立图书馆(Biblioteca Nazionale)，藏书多达150万册以上。另有历代皇室的起居室、客厅、卧房，以及中世纪的家具、绘画、瓷器及艺术收藏品等。

庞贝 Pompeii

公元79年8月24日，维苏威火山大爆发，山脚南麓的庞贝古城瞬间被埋没、凝结，火山灰厚达6米。直到17世纪，庞贝才被考古学家发掘，将近两千年前都市的一砖一瓦才得以重见天日。庞贝的出土文物收藏在那波利的考古博物馆中。

今天走进遗址里，街道呈整齐的棋盘状分布，除了一般罗马遗迹里经常看得到的神殿、广场、剧场、音乐厅等建筑之外，一座商业城市该有的机能，这里一点也不少：市民社交的酒吧共有99间，多半位于街道交叉路口；妓院则位于酒吧后头较隐蔽之处，街道地上还刻着男人性器官作为路标；富豪之家有花园、神龛、餐厅、厨房，门口地板上贴有犬只的马赛克镶嵌画，以示“内有恶犬”……

从那波利可搭乘前往索伦托(Sorrento)的火车，在Pompeii Scavi-Villa dei Misteri车站下车，或搭SITA巴士往返，车程约40分钟。

庞贝游客中心

Via Sacra 1, 80045 Pompei

pompei@uniserv.uniplan.it

www.pompeiisites.org/

大广场 | Forum

www.ancientworlds.net/aw/Article/807381

大广场坐落在两条主要干道的交叉点上，是整座庞贝城的主要广场，也是市民生活的中心。大广场禁止车辆通行，周边环绕着宗教、政治及商业性建筑，如朱庇特神殿(Temple of Jupiter)、市场、女祭司之屋(Edificio di Eumachia)等。

阿波罗神殿

Temple of Apollo

www.pompeionline.net/pompeii/temples.htm

这座多立克柱式神殿是庞贝最古老的宗教圣殿，从“存活”的装饰显示，建筑可以追溯到公元前550年到公元570年。整座神殿结合了意大利风格(有前入口阶梯的墩座)和希腊元素(环绕的列柱廊)，地板由钻石形状的彩石铺成，呈现出三维效果。立在两旁柱廊的雕像分别是太阳神阿波罗和月亮女神狄安娜(Diana)。

朱庇特神殿

Temple of Jupiter

www.pompeionline.net/pompeii/temples.htm

朱庇特神殿的建筑年代，约在公元前2世纪。从前阶梯可以走上一座高台，两道柱廊把神殿一分为三，安放众神之王朱庇特的雕像，但如今只残留头像。后来这座神殿改为供奉卡皮托利利诺山三神(Capitoline Triad)，分别是朱庇特、妻子朱诺(Juno)及手工艺女神弥涅瓦(Minerva)。

妓院 | Lupanar

大广场东边两条街外，Vico del Lupanare和Vico del Balcone Pensile路口

http://en.wikipedia.org/wiki/Lupanar_(Pompeii)

Lupa的拉丁文意思就是娼妓，这所妓院在全庞贝城最具规模，一楼和二楼各有5个房间和1间公共厕所。整所妓院最精彩之处是墙壁上的春宫图。当年在妓院卖淫的多半是奴隶，很多都是希腊人或东方人。

农牧神之屋 | House of the Faun

mr_sedivy.tripod.com/pompeii_8.html

农牧神之屋是庞贝最大的房子。入口处就可以看到农牧神铜雕，约在公元前2世纪打造。房子原为罗马贵族卡西(Casii)所有，里面有许多珍贵的马赛克地板和壁画，其中世界知名的《亚历山大大战波斯王大流士》的马赛克画作，便是发现自这间别墅。

史塔比恩浴场

Stabian Baths

www.main-vision.com/richard/stbt.shtml

这座浴场是庞贝城最古老的浴场，约建于公元前2世纪，里面分成男女两大部分，并包含了冷水浴、更衣室、暖房、热水浴及公共厕所和游泳池。

码头及城墙

Port Marina & the City Wall

艾尔可兰诺（Ercolano）码头所在的城门，是庞贝7座城门中最壮观的一座，当年海岸线还没淤积之前，船可直达城门下。今天依旧挺立的环状城墙，大约在公元前6世纪便已构筑，约有3公里长。

大剧场 Great Theatre

大剧场依着天然的陡峭地势而盖，建造时间可以追溯到公元前2世纪。呈马蹄状的剧场可以分成三区，最底层铺着大理石，是行政长官和重要人物的保留座；贵宾席上方，由一道环形走廊隔开，属于一般观众席；至于舞台两旁的包厢则是在奥古斯都时代才加上去的，从而也使得整个剧场的座位增加到将近5000个。舞台背景所装饰的大理石和雕像，是公元62年大地震之后重建的。

大会堂 Basilica

大会堂建于公元前2世纪，呈长方形，当年是庞贝最大的建筑物之一，过去作为行政法院和商业交易所。残存的墙壁上还留有最早时期的装饰，在大会堂后方登上一座木梯，可以来到法官的坐席。

西班牙 Spain

开往弗拉曼柯的故乡

撰文◎许斐莉、牟秀茵、张芸　摄影◎李美玲

西班牙国铁（Red Nacional de los Ferrocarriles Espan?les，简称Renfe）除了有高速铁路AVE之外，还包括长程路线Grandes Lineas的特快车Talgo、行驶于地方与都市之间的Trenes Regionales、往来于都市与近郊的Cercanfas、卧铺车Tren Hotel等车种。不过，由于西班牙国铁目前只开放AVE给海外游客订位，所以中国游客只能在国内购买西班牙国铁通行证(Eurail Pass)，如果想要搭配AVE与境内的一般列车使用，只能等到抵达西班牙后再另外购票。

备受阳光宠爱的西班牙，所有的步调都是缓慢的，就连它的高速铁路发展也是声声慢，但这并不影响游客跳上列车探索西班牙的意愿。酒乡、白色山城、弗拉曼柯、毕加索与高迪，都是你前往西班牙朝圣的绝对理由。

飞达旅游 提供

此外，由于西班牙铁路的轨宽与欧洲其他国家不同，因此近年来在更新铁路设备的速度上耗时较久，目前AVE行驶点只限于西班牙的数个主要城市，包括首都马德里(Madrid)、东部的迷人艺术海港巴塞罗那(Barcelona)、弗拉曼柯之都——塞维利亚(Seville)及2007年底开通的南部旅游重镇马拉加(Malaga)。

AVE的行驶速度为时速300公里，以马德里到巴塞罗那来说，AVE尚未开通前需耗时5小时才到得了，但搭乘AVE只需3小时23分钟，大幅缩短了行车时间。而从马得里往南直奔塞维利亚也只需2小时30分钟，中途若想停留科尔多瓦(Cordoba)，从马德里到科尔多瓦也只需要1小时45分钟。上述几个点都是旅游大城，对于初次在西班牙旅游的游客来说，非常有利于点对点之间的移动。

在西班牙搭火车，最特别的经验是随时会在车厢里与流浪的吉卜赛人不期而遇，这些“流动的街头艺人”有时会突然现身车厢中，高歌一曲西班牙民谣，甚至是悲怆的弗拉曼柯，或者是西班牙吉他小调。当地人往往是一副见怪不怪的表情，反而是外来客总会忍不住多看几眼。这样独特的音乐背景，是在欧洲其他国家旅行时所感受不到的经验。

通行证利多大放送

西班牙国铁通行证出售的票种为2个月内任选3到10天，出票后6个月内有效，可不限次数搭乘西班牙国铁的所有火车(睡卧铺、订位费及餐饮费不包含在内)。

西班牙国铁通行证的优惠涵盖境内及跨国的交通工具，包括：

- 搭乘FGC（Ferrocarrils de la Generalitat de Catalunya）铁路公司经营的路线和Gelide及Montserrat缆车路线，可享折扣（网址：www.fgc.net）。
- 搭乘由Grimaldi Ferries经营，从Barcelona到Civitavechia（意大利）的渡轮标准乘客票和舱位票可享折扣（网址：www.grimaldi-ferries.com）。

其他的优惠包括：上网预订HUSA酒店的房间，可有10%折扣；马德里的铁路博物馆提供50%折扣（网址：www.museodelferrocarril-ff.com/delicias）。

西班牙国铁 www.renfe.es/

欧洲火车通行证 www.eurail.com

建议路线

初次到西班牙旅游的人，可以选择大城市的定点旅游，如从马德里开始，搭当地火车1个半小时到托莱多(Toledo)，或是往北搭2小时火车到塞哥维亚(Segovia)进行小旅行（路线1）。

如果以AVE西班牙高铁作为主要的交通工具，那么可以马德里作为进出点，往东直奔巴塞罗那，折返后再往南可到塞维利亚，中途可选择停靠科尔多瓦（路线2）。

若有时间及预算，可以尝试交替使用AVE与当地列车，那么就可以路线2为主，从马德里开始前往巴塞罗那，或从塞维利亚往东加玩格拉纳达(Granada)，并且挑战巴塞罗那与格拉纳达这段的夜车。如此一来，便可将西班牙几个主要旅游城市所代表的各种风情一次览尽，但也较耗体力，建议在出发前做好周全的准备。

路线1：马德里 ▶▶（当地火车2小时）▶▶ 塞哥维亚或 ▶▶（当地火车1.5小时）▶▶ 托莱多

路线2：马德里 ▶▶（AVE2小时23分钟）▶▶ 巴塞罗那 ▶▶ ▶▶ 马德里 ▶▶（AVE2.5小时）▶▶ 塞维利亚（或中途停靠科尔多瓦，搭AVE分别是前段1小时45分钟、后段46分钟）

路线3：马德里 ▶▶ ▶▶ 塞哥维亚或托莱多 ▶▶ ▶▶ 马德里 ▶▶（AVE3小时23分钟）▶▶ 科尔多瓦 ▶▶（AVE46分钟）▶▶ 塞维利亚 ▶▶（一般火车3小时20分钟）▶▶ 格拉纳达 ▶▶（卧铺11小时）▶▶ 巴塞罗那 ▶▶（一般火车1小时20分钟）▶▶ 格拉纳达 ▶▶ ▶▶ 巴塞罗那 ▶▶（AVE3小时23分钟）▶▶ 马德里

西班牙 火车小旅行

马德里充满朝气与活力，尤其是三座镇市之宝——普拉多美术馆、提森波尼米萨美术馆和国立苏菲亚王妃艺术中心，更让马德里无可替代！

马德里 Madrid

马德里是个充满活力的城市，每到周末，午夜的马德里街头挤满了人潮，热闹的气氛令人大开眼界。你可以花三到五天就把具历史性的景点逛个遍，或可仔细地参观三大美术馆，来一场艺术之旅。

从马德里Barajas机场可乘坐地铁线Barajas Metro line(8号)连接市区任一点地铁站；或搭乘机场巴士(Especial Bus)。详情可登录机场网站查询（网址：www.aena.es）。

马德里市区有10条路线连接近200个地铁站，单趟车票为€1.3、10张联票(Metrobus)为€5.8。要注意车上或车站内的扒手。详情可登录相关网站查询（网址：www.metromadrid.es）。

马德里卡（Madrid Card）在有效期内可无限制免费使用马德里市区内大部分的交通工具、一日无限制使用马德里旅游巴士、40家马德里博物馆免门票、一次周六导览、多家商店折扣等优惠。分1、2、3日卡，€28起。详情可登录相关网站查询（网址：www.madridcard.com）。

另有美术馆套票(Paseo del Arte)，可参观普拉多美术馆、提森波尼米萨美术馆和苏菲亚王妃艺术中心，票价€9.6，是原价的7.5折。

旅客服务中心

Pl. Mayor, 3

www.munimadrid.es

太阳门广场 | Puerta del Sol

地铁站Sol

www.aviewoncities.com/madrid/puertadelsol.htm

太阳门是马德里的中心点，“零公里”这块瓷砖就在太阳门的人行道上，这里是政府机关的聚集区域，周边的商业区从太阳门到卡列欧广场的几条街道如Calle Preiados、Calle del Carmen、Calle de Tetuan等，光是西班牙最大的连锁百货公司英国宫就有3家，另外还有大型法国书店Fanc、超级流行服饰店如H＆M、Top Shop、Zara等，以及Camper鞋店。逛街时，请注意扒手。

跳蚤市场 | El Rastro

Calle de la Ribera de Curtidores
搭乘地铁L5在La Latina站下车
www.softdoc.es/madrid_guide/maps/rastro.html

这里是马德里最大的周日跳蚤市场，每周日与法定假日的10:00~14:00，可来此淘宝。市场自Plaza de Cascorro开始，主要的露天摊位和商家位于Calle de Ribeira de Curtidores和Calle de los Embajadores这两条街上，出售的商品有二手服饰、皮衣、皮件、嬉皮风的饰品与衣服、古董等。

普拉多美术馆 | Museo del Prado

地铁L1在Atocha下车，公交车6、10、14、19、27、34、37、45路
Paseo del Prado
museoprado.mcu.es

普拉多美术馆，是全球保存西班牙美术最完整的博物馆，收藏自12~19世纪间的绘画达8000件以上，尤其是委拉斯开兹和戈雅的大作更为完整。镇馆之宝为委拉斯开兹的《仕女图》(*Las Meninas,1656/Diego de Silva VELAZQUEZ*)。

1楼以展示15~16世纪的西班牙、佛兰德斯、德国以及14~16世纪的意大利画作和雕塑品为主；最精华的部分在2楼，展出17~18世纪西班牙、佛兰德斯、荷兰、法国、意大利画派的绘画。

古兰维拉大道 | Gran Via

地铁站Gran Via、Callao、Plaza de Espana
www.aviewoncities.com/madrid/granvia.htm

鼎鼎大名的古兰维拉大道(Gran via)，从阿卡拉街到另一头的西班牙广场，步行至少要一小时。靠卡列欧广场(Plaza de la Callao)附近有Camper鞋店、服饰店Zara、班尼顿等，适合年轻人前往选购。

皇宫 | Palacio Real

搭乘地铁L2、L5线在Opera下车

Calle de Bailen

www.patrimonionacional.es

这座结合巴洛克式和新古典主义风格的宫殿，是西班牙王室鼎盛时期的代表建筑物，在1931年阿方索十二世(Alfonso XII)逃到法国之前，是历代国王执政与居住的地方，目前作为招待外宾与举办典礼使用。

皇宫的内部设计十分精致，20余间的展览室中最重要的是王座室，它是国王接见宾客的殿堂。国王的宝座四周安置有四只铜狮，而大厅的天花板则绘有提耶波洛的湿壁画。其他精彩的房间还有宴会厅、餐具收集室、查理三世卧房等。

凡塔斯斗牛场 | Plaza de Toros de Las Ventas

搭乘地铁L2、L5线在Ventas下车

Calle de Alcala 237

http://en.wikipedia.org/wiki/Las_Ventas

马德里的凡塔斯斗牛场是世界上最重要的斗牛场，每年3到10月的周日都会举办斗牛比赛，尤其是在5月的庆典May Fiestas de San Isidro期间，更是每天都有斗牛赛。它建于1929年，外观以红砖砌成，融入伊斯兰教风格，其前方广场的两尊塑像为西班牙著名的斗牛士Antonio Bienvenida和Jose Cubero。一旁的斗牛博物馆(Museo Taurino)藏有丰富的斗牛史迹与用具。

主广场 | Plaza Mayor

搭乘地铁L1、L2、L4在Sol下车后，步行约10分钟可达

www.aviewoncities.com/madrid/plazamayor.htm

坐落在市中心的主广场建于1619年，过去是皇室举行仪式、举办庆典、斗牛和行刑的主要场所，现今则是一个布满露天咖啡厅与餐厅的古典广场。

主广场四周被典雅的建筑所包围，一共有9个出入口，中央则有当时下令建造此广场的菲利普三世(Felipe III)的雕像。广场上常常吸引许多年轻人在此晒太阳或是唱歌跳舞，一旁还有替人画肖像的街头艺人在招呼旅游客。

从库奇列洛斯门(Arco de Chchillero)的出口拾阶而下，可以看到许多颇具历史感的驿站(Taberna)，这类驿站通常是很传统的餐厅或酒吧，有些还提供弗拉曼柯舞的表演。

波丁餐厅 | Restaurante Botin

地铁站Sol

Calle de los Cuchilleros 17

www.botin.es/

波丁餐厅是世界最古老的餐厅之一，于1725年开业，现今仍保有传统的古典酒馆的装潢，从地下室的酒窖改装成的餐厅，1、2楼镶有木雕装饰的陈设，一切无不散发着其悠久的历史气息！

波丁餐厅的服务亲切，十分欢迎客人到1楼烤乳猪的厨房与数百只猪和厨师拍照。在用餐完毕后会附赠一份菜单和历史简介。这里最出名的是“烤乳猪”，可别错过！

托莱多

Toledo

希腊宗教画家埃尔·葛雷科(El Greco)定居于此，这让托莱多声名大噪。托莱多在西班牙历史与宗教上也占有非常重要的地位。由于融合了基督教、伊斯兰教和犹太教，使得它拥有“三个文化城”的美誉。托莱多旧城被坚固的城墙所包围，漫步在旧城内，别有一番中古世纪的风味。

从托莱多每天有10班火车往返马德里阿多查火车站，车程约1小时20分钟；可在火车站和巴士总站搭乘公交车前往市区，在Zocodover广场站下车。市区里另有旅游火车的游程，时间约50分钟，自索科多佛广场出发。

北城门游客服务中心

Puerta Nueva de Bisagra

www.jccm.es

市政府游客服务中心

Ayuntamiento (大教堂对面)

托莱多游客中心Toledo Tourist Office

Puerta de Bisagra, s/n - 45071 Toledo (Toledo), Toledo Tourismo

www.toledoweb.org/

大教堂 | Catedral

自索科多佛广场步行前往，约5分钟可达

Arco de Palacio 2

www.architoledo.org/catedral/Default.htm

托莱多大教堂名列西班牙三大教堂之一，其悠久的历史、雄伟的建筑，以及巧夺天工的雕刻，让这座教堂享有崇高的声誉。

早在古罗马时期，这里就已是宗教圣地。在历史上不断随着统治者的变化而游移在天主教堂和清真寺之间，直到13世纪时才又重修为大教堂。

大教堂原为哥特式教堂，但保有混合历史元素的建筑风格于其中。穆德哈尔式的美术风格——在教堂内部展现，而在礼拜堂中流露的却是西班牙式文艺复兴风格。

国王的圣若望教堂

Iglesia de San Juan de los Reyes

自圣母升天教堂步行前往，约2分钟可达

Reyes Catolicos, 17

www.toledoweb.org/monuments/show/44

这座融合哥特式与穆德哈尔风格的教堂，原本是伊莎贝尔女王与佛兰度公爵于1476年时为安置自己的陵寝而兴建的教堂。不过，他们最后却决定长眠在格拉纳达。教堂内的回廊拱门上有伊莎贝样式的装饰，条柱上则刻着天主教统一西班牙后的徽章，1楼属于哥特式风格，2楼则采银匠式风格。

索科多佛广场

Zocodover

www.toledoweb.org/

1465~1960年间，索科多佛广场一直都是周二集市的所在地。此外，这里也是托莱多人欣赏斗牛比赛的地方。广场四周环绕着露天咖啡座和餐厅，因此是当地人通常约会见面的地点。

阿卡乍堡 | Alcazar

自索科多佛广场步行前往，约2分钟可达
Cuesta Carlos V, 2
www.travelinginspain.com/toledo_alcazar.htm

阿卡乍堡盘踞在城市最高点，最初很可能是罗马人所建的碉堡，之后随着政权的更迭，城堡的角色也不断转变。1936年，西班牙内战期间，这座城堡曾遭到严重破坏。之后，佛朗哥将这里重新翻修并作为军事博物馆。1、2楼的房间里展示各式军服、军用品、枪支和大炮，并播放一段当时敌军威胁处决指挥官之子、要求指挥官投降的录音对话。此外，碉堡的地下室也布置成战争期间供军队使用的病房和寝室。

埃尔·葛雷科故居

Casa y Museo del Greco

自圣多美教堂步行前往，约2分钟可达
Calle Samuel Levi 3, Toledo
http://travel.nytimes.com/travel/guides/europe/spain/toledo/attraction-detail.html?vid=1154654617075

埃尔·葛雷科，是希腊克里特岛人，出生于1541年。1577年时来到托莱多，为一座修道院画主祭坛，从此和托莱多有了不解之缘。他是一位狂热的宗教画家，画风原本深受意大利风格影响，但后来却逐渐表现出浓厚的西班牙色彩。1614年，在托莱多逝世。

埃尔·葛雷科的故居里展示了20余幅画作，画室与房间也依原样保存。

加泰罗尼亚

语言、文化、美食、音乐自成一系的加泰罗尼亚，充满无限魅力。其中最具代表性的城市，就是高第尽情挥洒创意的巴塞罗那。在这里，艺术家、吉卜赛人、商人、游客混杂其间，构成了西班牙最具生命力的一座海港城市。

巴塞罗那

Barcelona

巴塞罗那，是加泰罗尼亚省(Catalunya)的省会，拥有自己的语言、文化与历史，常常自认为是有别于西班牙的独立国家，也因此拥有许多强烈的风格与生活态度。

一如它的建筑艺术作品——高迪的圣家堂、米拉之家、奎尔宫，以及著名的加泰罗尼亚音乐宫等现代主义建筑，巴塞罗那是全西班牙最时髦与前卫的城市。此外，古色古香的哥特区、充满欢乐气息的海港边、流行的购物大道与商品……都是巴塞罗那历久不衰的厉害招数。

从马德里搭西班牙高铁AVE到巴塞罗那约3小时23分钟可达。从机场到市区可乘坐机场巴士(Aerobus)到加泰罗尼亚广场(Placa Catalunya)，或搭火车到圣哲火车站(Estacio Barcelona-Sants)或加泰罗尼亚广场。

巴塞罗那的地铁与公交车系统十分密集且舒适，非常适合旅游者运用。可购买T-Dia旅游卡，可无限使用于地铁、公交车和FGC火车。详情可登录相关网站查询（网址：www.tmb.net）。

巴塞罗那卡(Barcelona Card)可享期限内免费搭乘大众交通工具，及多达100项博物馆和商店门票减免或折扣。详情可登录相关网站查询（网址：www.barcelonaturisme.com）。

市区有数个主要的旅客服务中心，提供汇兑、订旅馆、地图、交通、景点等信息服务，包括加泰罗尼亚广场(Informacio Turistica Placa Catalunya)、圣哲火车站(Estacio Barcelona-Sants)、圣豪美广场(Informacio Turistica Placa Sant Jaume)。

旅客服务中心

www.barcelonaturisme.com

兰布拉大道

La Rambla

地铁L1、L3在Catalunya、Liceu、Drassanes任一站下均可，公交车14、17、18路

www.barcelona-on-line.es/eng/turisme/bcn_rambla.htm

兰布拉大道是巴塞罗那最热闹的一条街道，大道两旁有许多出售纪念品的摊位与露天餐厅座。在靠近加泰罗尼亚广场处，是鸟市与花市，走到尽头则可通往港口，周日时会有露天艺术集市，出售各种设计、质感不错的饰品。

此外，大道上还有几个显眼的指标，如Liceu Opera House、米罗所设计的马赛克彩砖。如果你的时间许可，在Boqueria、Ferranc、Escudellers这三条街道间的小巷弄内，还有许多新奇时髦的个性商店等着你去挖宝！

加泰罗尼亚音乐宫

Palau de la Musica Catalana 1P

地铁L1、L4在Urquinaona下车

C./de Sant Francesc de Paula, 2

www.palaumusica.org

这个造型奇特的世界遗产建于1905~1908年，由与高迪同时期的现代主义建筑师多明尼克所设计，现为巴塞罗那市立管弦乐团长期表演的音乐厅。他使用大量的薄铁板与马赛克装饰，华丽的特殊造型装饰使这里很像一个大型珠宝。内部的表演台顶端嵌有大型彩绘玻璃的圆顶，因此光线能透射进来，格外美丽。

加泰罗尼亚广场

Placa de Catalunya

地铁L1、L3在Catalunya下车

www.barcelona-tourist-guide.com/en/albums-en/catalunya/

加泰罗尼亚广场可以算是巴塞罗那的心脏，火车、地铁、游客中心、百货公司、兰布拉大道、巴塞罗那当代美术馆、巴塞罗那当代文化中心均集中在此，等人约朋友，全都在这儿，是不可不熟悉的巴塞罗那地标之一。

四只猫餐厅 | Els Quatre Gats

地铁L4在Urquinaona下车，Via Laietana街出口，徒步10分钟可达

Carrer Montsio, 3-bis

www.bcninternet.com/restaurant_details.php?contentid=612

位于购物区Portal d'angel的一个小巷内，由著名建筑师卡达法(Puig I Cadalfach)设计。在20世纪初，这里是崇尚自由的波希米亚人与艺术家的聚会场所，其餐厅名称取自加泰罗尼亚的字义“quatre gats”，意思是“几乎无人”，说穿了便是标榜波希米亚式的咖啡厅成功地在巴塞罗那立足！

而它的第一份菜单更是由当时年轻的毕加索所设计！餐厅内的陈设总是令人回味到巴塞罗那文化与艺术的繁荣时期。这里的下午茶点十分出名。

毕加索美术馆

Museu Picasso

地铁L4在Jaume I下车，朝Calle Princesa 方向走，在Calle Montcada右转可达

Calle Montcada, 15-19

www.museupicasso.bcn.es

这是巴塞罗那最值得参观的美术馆之一，以收藏毕加索早期的创作为主，有素描、版画、陶艺品、油画等作品，这些又以他早期居住在巴塞罗那和巴黎时期的创作居多，此外还可欣赏到毕加索9~11岁时所创作的《青涩年代》、《初圣体拜领》。这些作品中，以他在76岁时以委拉斯盖兹的名作《侍女》(*Las Meninas*)作为视觉创作的一连串作品最为有趣。

米罗美术馆

Fundacio Joan Miro

地铁L1、L3到Espanya下车，转50路公交车前往；或搭地铁L2、L3在Parallel站下车，转蒙居易缆车(Funicular de Montjuïc)上山

Parc de Montjuic, Av. Miramar, 71-75,Pl. Neptu

www.bcn.fjmiro.es

由米罗的朋友Josep Luis Sert设计的米罗美术馆，就如同米罗的艺术创作一样明亮、大胆，偌大的窗户将室内外的光线与景色互通，令人在逛美术馆的同时可感受到轻松又具现代感的气氛！这里是全球收藏米罗作品最完整的地方，包括雕塑、版画、绘画、素描等作品约300件。

加泰罗尼亚美术馆

Museu Nacional d'Art de Catalunya

地铁L1、L3到Espanya下车，徒步或转50路公交车可达

www.mnac.es

如果你对中古世纪的艺术与建筑感兴趣，千万别错过这里，它收藏有加泰罗尼亚地区珍贵的11~13世纪的罗马式美术。

20世纪初期时，考古学家在这里发现了大量的中世纪遗迹与艺术，因此文化组织和教堂便开始将教堂内的壁画、圣物统一搬运到中央地区作研究，而美术馆现在的馆址是1927年时为巴塞罗那世界博览会所兴建的宫殿。在这里可欣赏比利牛斯山区教堂的中古艺术壁画，非常珍贵！

安达卢西亚

南方的安达卢西亚受到阿拉伯文化的影响，随处可见伊斯兰教的影子。这里不但可以让你享受南国阳光的照拂，还有独特的美食、音乐与舞蹈，让你沉醉其间。

塞维利亚 *Sevilla*

来到西班牙没拜访安达卢西亚省，可说是没到过西班牙；来到安达卢西亚省错失塞维利亚，便没有资格说到过安达卢西亚省。

塞维利亚是由伊比利人创建的，后来遭西泽大帝掠夺，成为罗马帝国辖下的土地。之后，又在公元712年被摩尔人攻掠，并改名为Ishbiliya，成为摩尔王朝首都。直到1248年时，才被费南度三世(Fernando III)收回，成为天主教徒的控制区域。由于长期接受伊斯兰教艺术的洗礼，至今依然留下许多珍贵的穆德哈尔式建筑，成为西班牙文艺复兴的重要城市。今日的塞维利亚可说扮演着捍卫安达卢西亚文化的角色，弗拉曼柯舞、供应下酒菜(tapas)的小酒馆、斗牛，都让游客回味无穷。

从马德里搭火车或高速列车(AVE)前往塞维利亚约2.5小时。火车站距离市中心约10分钟车程，可搭乘公交车C1在市中心下车。

旧区市各景点之间皆可走路抵达，或购买公交车联票 (Bonobus)，约€4.50。

塞维尔省立旅游局

Plaza de Triunfo,1

www.turismosevilla.org

塞维利亚市游客服务中心

Centro de Informacion de Sevilla

Avenida de la Constitucion 21B

西班牙文网站

www.cica.es/~masa/sevilla/cis/

安达卢西亚省旅游网站下可搜寻塞维利亚旅游信息：

www.andalucia.com/cities/sevilla.htm

王宫 Real Alcazar

自教堂步行前往，约1分钟可达
地址：Plaza del Triunfo
网站：www.sevilla5.com/monuments/alcazar.html

这座王宫与格拉纳达的阿尔罕布拉宫并列为西班牙最具代表性的伊斯兰教宫殿。原本仅是一座防御性的城堡，始建于公元913年，目前所看到的宫殿是1364年时，由佩德罗一世(Pedro I)下令修建而成。除了穆德哈尔式的宫殿之外，这里还有数座美丽的中庭与花园值得参观，不妨在此安排至少2小时时间。

玛丽亚·露意莎公园 Parque de Maria Luisa

自王宫步行前往，约8分钟可达
Parque de Maria Luisa
www.andalucia.com/cities/seville/marialuisapark.htm

1893年时，玛丽亚·露意莎王妃将圣特尔摩宫部分土地捐出，建成了这座公园，现在则是当地市民休憩的场所。之前，此地还曾经举办过世界博览会，壮观的西班牙广场(Plaza de Espana)就是博览会时遗留下来的建筑，以贴满西班牙历史与地图的彩色瓷砖椅而闻名。

广场前的小运河可划船。偌大的公园里还有两座值得观赏的博物馆——民俗博物馆(Museo de Artesy Costumbres Populares)和考古博物馆(Museo Arqueologico)。

圣十字犹太区

Barrio de Santa Cruz

自Plaza Virgen de Los Reyes往北和东边行走，任何小巷都可通往此区

www.andalucia.com/cities/seville/barriosantacruz.htm

教堂和王宫以东的整个地区算圣十字犹太区，费南度三世下令来自托莱多的犹太人住在这里(此地原本就是犹太区)。这里是较能体会古老塞维利亚伊斯兰教风情的地区。在这里迷路着实是一种享受！传统的tapas、纪念品店、极具特色的餐厅，随时都会让你驻足观看。

大教堂与希拉达塔 | Catedral & La Giralda

自Plaza Virgen de Los Reyes往Plaza del Triunfo方向，步行约1分钟

Plaza Virgen de Los Reyes

www.sevilla5.com/monuments/cathedral.html

塞维利亚于1248年重回天主教徒手中后，教会重修了这座得以彰显天主教在西班牙势力的教堂。它宽160米、长140米，仅次于罗马的圣彼得大教堂、伦敦的圣保罗大教堂，为世界第三大教堂。

教堂原采哥特式风格，中央圆顶坍塌之后，建筑风格改为文艺复兴风格。参观重点包括希拉达塔(La Giralda)、主礼拜堂(Capilla Mayor)、哥伦布的灵柩(Columbus's Tomb)、橘子庭园(Patio de los Naranjos)等。

阿方索十三世饭店

Hotel Alfonso XIII

San Fernando
www.hotel-alfonsoxiii.com/

塞维利亚最高级的旅馆，以穆德哈尔艺术风格建筑(13~15世纪的伊斯兰教、天主教混合艺术)而闻名，用以纪念阿方索十三世在位时(1902~1931)西班牙成为民主国家。旅馆兴建于1916~1928年，是为了举办塞维利亚万国博览会而建的。虽然一般游客可能住不起这里，但饭店同样欢迎非住宿的游客在1楼的吧台和中庭餐厅用餐。

玛埃斯多兰萨斗牛场

Plaza de Toros del la Maestranza

沿着阿方索十三世运河，往北步行前往，约5分钟可达
Paseo Colon 12
www.realmaestranza.com或www.andalucia.com/cities/seville/bullring.htm

这座斗牛场被认为是西班牙最重要的斗牛场之一。兴建于18世纪，外观为鲜艳的白色和黄色，一旁还设有斗牛博物馆，里面收藏着丰富的斗牛器具、著名的斗牛士所留下的华丽服装，以及曾在场上将斗牛士刺死的牛头标本。塞维利亚的斗牛季于每年的春会开始，斗牛场对外开放，游客可购票进入博物馆参观。

弗拉曼柯舞 | El Arenal

Calle Rodo 7 (Barrio del Arenal)
第一场21:30、第二场23:30起
www.tablaoelarenal.com

塞维利亚是弗拉曼柯舞（Flamenco）的发源地，全西班牙最好的舞蹈团都聚集在此。在塞维利亚，有两种地方可观赏到弗拉曼柯舞：一是Tablao(职业表演秀)，二是Tabernas(塞维利亚人聚集的酒吧，以民俗弗拉曼柯舞为主)。在旅客服务中心可索取到市内的弗拉曼柯舞表演信息。

El Arenal这家具有25年历史的塔普拉奥弗拉曼柯餐厅，曾被《纽约时报》誉为塞维利亚最专业的弗拉曼柯表演。整场表演约1.5小时，精彩程度让观众频频报以热烈掌声。如果预算充足的话，还可以选择一边用餐，一边欣赏表演。

格拉纳达 Granada

火车站距离市中心约10分钟车程。可搭乘公交车3、11路，在教堂前下车。搭巴士抵达者，可在巴士总站搭乘公交车3号前往市区。在旧市区内可安步当车，仅前往阿尔罕布拉宫和阿尔拜辛区才需搭车。

Bono Turistico旅游票可在1周内持票参观阿尔罕布拉宫等景点，不需另外排队买票。也可持票搭乘10次市区公交车，可在Pl. de Isabel la Catolica 6购票。

游客服务中心(Oficina Provincial)

Plaza de Mariana Pineda

www.andalucia.com/cities/granada/tourist.htm

格拉纳达，是安达卢西亚省的旅游重镇之一，也曾在摩尔人统治下达到巅峰。不论在经济、艺术、文化上，都有过一段黄金时期。1474年，费南度(Fernando)与伊莎贝尔(Isabel)联姻，天主教势力大增，终于在1492年攻陷格拉纳达，完成天主教统一西班牙的大愿。

现今的格拉纳达，除了精彩的阿拉伯建筑艺术之外，还有充满伊斯兰教风情的阿尔拜辛区，及沿山而建的白色萨克罗蒙特山丘，很容易就让人步入阿拉伯神话梦境！

大教堂 | Catedral

Pl. Pasiegas

www.spain.info/TourSpain/Arte+y+Cultura/Monumentos/A/IH/0/Catedral+de+Granada?Language=en

在天主教君王的命令下，大教堂于1518年开始兴建。原本是以哥特式与文艺复兴式建筑风格为蓝本，历经多年的建造与不同的设计师，直到18世纪才完工，最后，成了混合多种风貌的银匠式教堂。教堂立面由3座大型拱门组成，礼拜堂(Capilla Mayor)里还立着两位君王的祈祷像。

阿尔拜辛 | El Albaicin

位于面对新闻广场的后方山区

www.andalucia.com/cities/granada/albaicin.htm

阿尔拜辛区面对着阿尔罕布拉宫沿山壁而建，伊斯兰教式的建筑、中庭、门饰、阿拉伯茶室、清真寺、公共澡堂等，让人有一种迷失在阿拉伯世界里的错觉。

穿越新闻广场(Plaza de Nueva)的尽头，即可衔接上Carrera del Darro这条小街，进入阿尔拜辛区，这里是拍摄达拉河谷(Rio Darro)的最佳地点。

充满摩洛哥风情的伊斯兰教街(Caldereria Nueva)，尽是摩尔式茶馆与出售伊斯兰教风格的饰品店和茶馆。饰品店则有来自摩洛哥的手工牛皮灯罩、阿拉伯传统服饰等。

阿尔罕布拉宫 | La Alhambra

在新闻广场前搭乘公交车2路可达

www.alhambradegranada.org/default_en.asp

阿尔罕布拉宫的阿拉伯语意为“红色的城堡”，原为摩尔式碉堡，始建于13世纪。14世纪时，摩尔国王Yusuf I 和穆罕默德五世(Muhammed V)开始兴建王宫和美丽的狮子宫殿。

1474年，费南度与伊莎贝尔联姻，伊斯兰教势力随之瓦解，阿尔罕布拉宫落入天主教徒手中，他们陆续增建了教堂、圣方济各修道院和要塞。

18至19世纪初，阿尔罕布拉宫逐渐荒废，直到1870年，这里才被西班牙政府列为纪念性建筑。参观重点包括王宫(Palaclo Real)、查理五世宫殿(Palacio de Carlos V)、城堡(Alcazaba)、轩尼洛里菲花园(Generalife)等。

英国 UK

跳上哈利·波特的魔法车

撰文◎张芸、许斐莉、林小安、陈慧如、游惠玲、牟秀茵　摄影◎周治平、唐学明

伦敦的欧洲之星火车站，已经在2007年11月从滑铁卢车站（Waterloo International Station）搬迁至圣潘克拉斯车站（Saint Pancras International）。从新车站发车，可以缩短到国际城市的距离，到布鲁塞尔只需1小时51分钟，到巴黎只要2小时15分钟。

英国火车路线简图

你相信伦敦的King's Cross火车站真的有$9\frac{3}{4}$月台吗？在现实世界里，你也许无法搭上哈利·波特的隐形魔法火车，但仍可以跳上古老的英国列车，体验英伦的大城小镇之美。

英国境内的欧洲之星只行驶从伦敦到阿什福德(Ashford)这段，多数路线以跨国为主。在英国境内的火车网络必须依赖由二十几家民营铁路公司所联营的国铁系统(BRI)加以串联。英铁的点对点票种及票价非常复杂，像有针对高峰时段的高票价票种，或是针对平日（weekday）的折扣票；常见的有Standard Open Single/Return、Standard Day Single/Return、Cheap Day Single/Return、Saver Single/Return等。

通行证可化繁为简

海外游客其实也不必太担心英铁复杂的票种，可以用火车通行证将问题简单化，针对想要旅游的地点选择全区或分区的通行证，一票行遍英伦。英铁通行证对同行的儿童及同行票有蛮不错的优惠空间。此外，持票者可搭乘伦敦主要机场至市区的快捷列车，如Heathrow Express、Gatwick Express、Stansted Sky Train等。

通行证共有四种，依地区划分为：

- 英国国铁火车票(British Rail Pass)：适用于全英不限次数搭乘，但需付价差才可搭乘欧洲之星。
- 英国东南区火车票(Britrail South East Pass)：适用于以伦敦为中心约150公里的范围，如剑桥、牛津、巴斯、温莎古堡等。
- 苏格兰自由行火车票(Freedom of Scotland Pass)：可在有效期内无限制搭乘苏格兰火车。
- 英国国铁＋爱尔兰火车票(Britrail Pass+Ireland)：可一票游遍全英及爱尔兰，包含一次往返英、爱之间的Stena渡轮。

值得注意的是，在英国当地购买通行证，得出示机票、护照等证明文件，且英镑的汇率也偏高。在国内购票将以人民币结算，不用带大量外汇出境；若持通行证想搭欧洲之星，也可视舱等享有不同程度的优惠。

如果不想买通行证，那么最简单的方式是，交由售票人员为你选择最便宜的票种。但请记得问清楚票种的使用限制。当地火车通票也分地区有7种套票可选择。

英国国铁官方网站 www.nationalrail.co.uk

火车时刻表查询网站 www.qjump.co.uk

英国国铁参考网站 www.britrail.com/

欧洲之星网站 www.eurostar.com/dynamic/index.jsp

建议路线

初次到英伦旅游的人，光是在伦敦就会舍不得离开，不妨先把目标锁定在最热闹的皮卡地里地铁线(Piccadilly Line)，再出城去探索著名的两座大学城——牛津与剑桥，以及“不爱江山爱美人”的温莎公爵所居住的温莎小镇，和罗马古城巴斯（路线1）。

若想探索苏格兰，可前往充满艺术气息的爱丁堡、绿意满城的格拉斯哥(Glasgow)及有着“尼斯水怪”传说的因弗内斯(Inverness)（路线2）。

路线1 伦敦(利物浦车站) ▶▶ 1.5小时 ▶▶ 剑桥 ▶▶ ▶▶ 伦敦(转滑铁卢车站) ▶▶ 1小时 ▶▶ 温莎 ▶▶ 1小时 ▶▶

伦敦(转帕丁顿车站) ▶▶ 3小时 ▶▶ 牛津 ▶▶ 20分钟 ▶▶ 迪德科特 ▶▶ 1小时 ▶▶ 巴斯 ▶▶ 1小时40分钟 ▶▶ 伦敦

路线2 伦敦 ▶▶ 5小时 ▶▶ 爱丁堡 ▶▶ 50分钟 ▶▶ 格拉斯哥 ▶▶ 4小时 ▶▶ 因弗内斯 ▶▶ 8小时 ▶▶ 伦敦

英格兰 火车小旅行

在英格兰乘火车小旅行，不妨先在伦敦停留数天，以伦敦便利的地铁——朝圣首善之都的精华景点；再搭火车延伸至大学城牛津与剑桥，以及浪漫的温莎小镇和古都巴斯。

伦敦 London

伦敦市区地铁“Tube”是全世界最古老的地铁系统，主要有12条路线，分为6区(Zone)。旅游景点多分布在Zone 1，除了位于Zone 3的Greenwich(格林尼治)，单程票或1日票可利用自动售票机购票。

如果停留时间够长，不妨购买“旅游交通卡”(TravelCard)，分1日(One Day)、周末(Weekend)、1周(Weekly/ 7 Day)、1月(Monthly)及1年(Annual)多种，并依通行区域分为“Zones1-2”、“Zones1-4”等。短期旅游以1日或1周的“Zones1-2”交通卡最实用。

导览、指南或旅游信息可洽：

伦敦旅游局

Britain and London Visitor Centre (BLVC)

1 Lower Regent St, SW1，地铁站Piccadilly Circus可达

www.visitlondon.com/

全长71公里的皮卡地里(Piccadilly)地铁线，贯穿伦敦市中心的部分包括了游客最多的皮卡地里圆环、莱斯特广场和柯芬园等地区，是进入伦敦文化艺术区的首站。伦敦几个寓教于乐的博物馆也都在这条线上，南肯辛顿的3个博物馆和鲁索广场站的大英博物馆，绝对能满足求知欲旺盛的你！

维多利亚—艾伯特博物馆

Victoria & Albert Museum

从South Kensington地铁站出，步行约3分钟可达

Cromwell Road, London SW7 2RL

www.vam.ac.uk

伦敦人称为V & A 的维多利亚—艾伯特博物馆，藏有全世界最多的装饰艺术品与英国雕塑，17世纪至今的服饰潮流、彩色玻璃制品、中古宝藏等丰富多样的典藏工艺品让人目不暇给，来到V & A 的游客必为来自世界各国的人类成就赞叹不已。

V & A 创立于1852年，展示空间共分4层楼，1楼有伊斯兰、印度、中国、日、韩等多国历史文物，其中印度文物收藏号称全世界最多；韩国文物年代则可追溯至公元300年。服装展示区(Dress Collection)也相当有趣，从马甲、上衣、撑架蓬蓬裙到现代时尚服饰应有尽有；所有服饰配件的演进与潮流，这里都有实品并提供完整说明。

海德公园 | Hyde Park

地铁站Hyde Park Corner、Marble Arch、Lancaster Gate、Knightsbridge

www.royalparks.org.uk/parks/hyde_park/

这是伦敦市区最大的公园，早在17世纪初就开放给大众，1851年的万国博览会在此地举办，现在是皇室重大庆祝活动举办地，尊荣的41响礼炮就是在此开炮。

海德公园与肯辛顿花园以蛇形湖(The Serpentine)相邻，夏天时，是划船和游泳的热门场地。公园右角的演说者角落(Speakers' Corner)每到周日就是观察伦敦民主风范的最佳时机，怀抱不同立场与理念的民众在此发表言论，人们可以听到各式各样的怪诞言论。

肯辛顿宫

Kensington Palace

从High Street Kensington地铁站出，步行约10分钟可达
Kensington Gdns., London W8 4PX
www.hrp.org.uk

肯辛顿宫，位于肯辛顿花园西侧，是黛安娜亡故前在伦敦的住所，至今王宫门前仍有民众不时献上花束凭吊，目前肯辛顿宫State Apartments部分对外开放参观，包括维多利亚女王受洗的房间和1760年迄今的皇室宫廷服饰展览。

肯辛顿宫原为诺丁汉宫(Nottingham House)，由威廉三世与玛丽皇后在1689年时买下作为皇宫，之后一直是英国皇室的住所，从乔治三世开始才迁至白金汉宫。

莱斯特广场 | Leicester Square

地铁Leicester Square站 www.londonnet.co.uk/ln/guide/about/placesleicestersq.html

莱斯特广场，是西区(West End)的中心，西区也是伦敦最著名的剧院区(Theatreland)，聚集了将近40家剧院，广场内的卓别林像和莎士比亚喷泉即为最佳见证。

如果要买便宜票，可到莱斯特广场旁的半价票亭(Half-Price Ticket Booth)。这个票亭由伦敦剧院公会设立，以半价出售当天尚未卖出的票，但数量有限，采取先来先买方式，仅收现金，每张票另加手续费。

科芬奇街有伦敦最大的帝国电影院(Empire)，有巨大闪亮的招牌；再过去的街头画家区，聚集了很多以炭笔素描的画家，画法特殊，值得一探究竟。

柯芬园广场 | Covent Garden

从Covent Garden地铁站出，步行1分钟可达 www.covent-garden.co.uk/

由玻璃钢铁所覆盖的柯芬园广场青春洋溢，地下挑高中庭前后有两个咖啡座，周围有成排风格殊异的商店；地上分为北、中、南三区，还有两个旧货集市——Apple Market和Jubilee Market。

在这里消磨半天可逛许多商店，如美体小铺(Body Shop)、The Candle Shop、The London Doll House、LUSH等。地下的Cabaret Mechanical Theater是一个相当有趣的迷你博物馆兼商店。1楼两侧的集市分布不少摊位，有小古玩、衣服、手工艺品、小礼品等，虽然规模不大，但偶尔会有物超所值的精品。

柯芬园购物街

Shopping Streets

从Covent Garden地铁站出，至Poste Mistress的步行时间约为10分钟

柯芬园是伦敦女生的购物地点，主要有Long Acre和Monmouth Street两条呈45度交叉的路。从Covent Garden地铁站一出，往右有Oasis、French Connection、ZARA等最受欧洲时髦女性喜爱的大众品牌，价格中低，款式流行；往左则有Mexx、Levi's、Gap、H & M等外来品牌，深获伦敦少男少女的心。

Long Acre上则穿插了Kookai、Warehouse、Next等伦敦熟女为之狂热的服饰店。

皮卡地里圆环

Piccadilly Circus

地铁Piccadilly Circus站

www.aviewoncities.com/london/piccadillycircus.htm

皮卡地里圆环最著名的，是喷泉上方的希腊爱神厄洛斯(Eros)雕像，单脚拉弓的平衡姿态相当醒目，是为了纪念维多利亚时期慈善家Shafesbury而建。圆环与摄政街相连，是伦敦重要的购物街道；往Shaftesbury Ave.方向可进入苏活区中心，以及美食餐厅林立的中国城。

剑桥
Cambridge

剑桥大学的前身源于牛津大学在1209年发生的暴动，3名学生被吊死后，一些学者逃难至剑桥，在亨利三世的佑护下建立了正式的学术组织，1286年成立剑桥大学第一个学院——彼得学院(Peterhouse)。剑桥大学已有800多年的历史，孕育了60位以上的诺贝尔奖得主，科学和工业是剑桥最引以为傲的学术领域。

从伦敦的国王十字(King's Cross)车站搭火车到剑桥，车程约1小时。抵达剑桥车站后，搭1、3路公交车至Emmanuel Street即可抵达市中心。市中心可以步行方式游览。剑桥游客卡(Visitor Card)在3周的有效期内可以得到许多景点门票、游程、餐厅等的折扣。

旅客服务中心

The Library, Wheeler Street, Cambridge

http://www.visitcambridge.org/

剑桥大学各个学院虽对外开放，但要付费才能入内参观，为了避免对教职员工和学生造成不便，参观者最好依据学院的参观路线指示行进。

国王学院
King's College

King's Parade http://www.kings.cam.ac.uk/

国王学院是剑桥大学最著名的学院，在亨利六世的支持下于1441年成立，学院草地中央即为亨利六世的青铜纪念像，主要入口为雄伟的19世纪哥特式门楼。

学院内的国王礼拜堂(King' s College Chapel)是剑桥建筑的一大代表，也是中世纪晚期英国建筑的重要典范。国王学院唱诗班是在亨利六世建造礼拜堂时成立的，现在每年圣诞节举行的弥撒音乐会都会在电视上转播，是世界知名的圣诞音乐会之一。

三一学院 | Trinity College

http://www.trin.cam.ac.uk/

三一学院，是剑桥大学最大的学院，由亨利八世在1546年成立。三一学院历届杰出校友有20位以上的诺贝尔奖得主、6位英国首相、数学家牛顿、哲学及文学家培根等，还有包括查尔斯王子在内的多位皇室贵族名流。

进入中庭(Great Court)后，右侧为三一礼拜堂，里面有牛顿、培根等杰出校友的雕像和名录。三一礼拜堂外，有一棵从牛顿家乡移植来的苹果树，以纪念这位“万有引力之父”。

圣约翰学院 | St. John's College

www.joh.cam.ac.uk/

圣约翰学院是剑桥大学第二大学院，建于1511年，原址为圣约翰医院。艾利大主教原先要在此成立剑桥大学第一个学院，但受到僧侣之反对而作罢，一直到1511年4月9日才尘埃落定。

沿着圣约翰学院参观路线，经过正门、前庭、礼拜堂、中庭后来到康河河畔。圣约翰学院有两座桥横跨康河，一条是Wren桥，另一条就是著名的叹息桥（The Bridge of Sigh）。

康河撑篙 | Punting

银街(Silver St.)与桥街(Bridge St.)和康河交接处

即使不是剑桥的学生，也可以过个很“剑桥”的一天，第一步就要从康河（River Cam）撑长篙开始。

撑篙是剑桥学生课后休闲的活动之一，用一根长杆控制平底船的行进，并不困难，但当游船众多时，新手仍有翻船的可能。游客可到Bridge Street的码头边乘坐有专人撑篙的游船，撑篙者操着优美的地道英国口音，沿途介绍剑桥康河的历史美景。

牛津 Oxford

牛津，既是严肃的学术殿堂，也是《爱丽丝梦游仙境》的故事起源处。牛津大学（Oxford University）在过去800多年为全世界培育出许多杰出人士，目前有36所学院，以科学研究著名。而爱丽丝勇敢又坚持追求答案的精神，大概就是牛津学者的最佳写照。今日在牛津可以看到几个《爱丽丝梦游仙境》的景点。

从伦敦帕丁顿车站(Paddington)搭乘泰晤士火车(Thames Trains)前往，车程约1小时，平均每小时有2~3个车次，有些车次须转车。

牛津火车站在牛津西边，出火车站沿Botley和Park End街走即可进入市区。牛津游客卡（Oxford Visitor Card）有效期3周，包含各商家、景点门票之折扣。旅客服务中心有专人导览的徒步之旅可参加，20人成团。

旅客服务中心

Gloucester Green

www.visitoxord.org

爱丽丝的店 Alice's Shop

No.83 Aldates St. Oxford　alice@sheepshop.com

童话书《爱丽丝梦游仙境》(*Alice' s Adventures in Wonderland*)的主人公爱丽丝确有其人。作者本名是道格森(Charles Lutwidge Dodgson)，卡洛尔(Lewis Carroll)是他的笔名。卡洛尔曾在基督教会学院中就读并教授数学，闲暇之余常与当时的学院院长李道尔(Liddell)的几个女儿游玩，卡洛尔总是告诉二女儿爱丽丝许多有趣的故事，《爱丽丝梦游仙境》就是其中大众最耳熟能详的故事。

基督教会学院对面的这家爱丽丝的店，建筑已有500年左右的历史，是爱丽丝小时候常光顾的糖果店，也在卡洛尔的著作*Through the Looking Glass*中出现。店里有各种与爱丽丝的故事相关的纪念品，还可代为安排爱丽丝主题之旅，参观爱丽丝和卡洛尔的家。

基督教会学院 Christ Church College

www.visitchristchurch.net

基督教会学院创立于1525年，是牛津大学最大的学院，曾在内战时作为查理一世的临时首都，最引以为傲之处就是在近代200年内产生了16位英国首相。

圣坛旁名为圣凯瑟琳之窗(St. Catherine' s Window)的彩色玻璃窗，把《爱丽丝梦游仙境》中爱丽丝的姊姊爱蒂丝(Edith Liddell)描绘成圣人，相当有趣。

摩顿学院 | Merton College

Merton St. www.merton.ox.ac.uk

摩顿学院成立于1264年，是牛津大学的第一个学院，中世纪时就在科学研究领域享有盛名，机械、几何、物理等成就均相当杰出。摩顿学院同时拥有牛津最古老的学院建筑，以及建于1378年、全英格兰最古老的图书馆。

14世纪的群众方院（Mob Quad）是摩顿学院最早建立的众方院，据说《魔戒》的作者托尔金（John Tolkien）在此任教时，常常躲在此间的旧图书馆研究古老的撒克逊文字。

莫德林学院 | Magdalen College

High St. www.magd.ox.ac.uk

创立于1458年的莫德林学院以人类学为主要研究领域。学院坐落在查韦尔河（Cherwell）河畔，后方是宽广的鹿园，环境清幽。

院内的中世纪礼拜堂有着高约43米的钟塔，中庭回廊廊柱上雕刻着圣人、野兽的奇异雕刻，非常值得一看。每年5月1日五朔节清晨6:00，学院唱诗班的成员会登上钟塔顶端歌颂，迎接夏天的到来。

卡法斯塔 | Carfax Tower

玉米市场街(Cornmarket St.)和皇后街(Queen St.)交叉口

要欣赏牛津建筑精华的美景，就先爬99个阶梯吧！卡法斯塔是牛津圣马丁教堂仅存的遗迹。圣马丁教堂的历史可追溯至11世纪。几世纪以来，圣马丁教堂是牛津重要的宗教中心，英格兰皇室如伊丽莎白一世等都曾亲临此地举行宗教仪式。

温莎 Windsor

温莎小镇与皇室的渊源向来很深，由皇室的居所、贵族学校组成的市中心，尊贵的氛围连伦敦都无法相比。英王爱德华八世为爱抛弃王位，甘愿屈于温莎公爵一职，与爱妻一起住在温莎，“不爱江山爱美人”的故事让温莎小镇增添几许罗曼蒂克的魅力。

从伦敦前往温莎，在伦敦帕丁顿(Paddington)火车站搭往牛津的火车，在Slough下车换往温莎和伊顿(Windsor and Eton Center)的列车，全程只需30~40分钟。

除了乐高乐园外，其余的景点都聚集在车站附近，步行即可到达。

可在旅客服务中心洽询参观温莎古堡、伊顿学院、住宿等旅游服务。

24 High Street Windsor

www.windsor.gov.uk

温莎城堡 Windsor Castle

The Official Residences of The Queen, London SW1A 1AA

bookinginfo@royalcollection.org.uk

www.royal.gov.uk/OutPut/Page557.asp

温莎城堡于1066年由William the Conqueror所建，900多年来已经成为全世界有人居住的最大的城堡之一，在此居住过的皇室也陆续留下了众多珍贵宝物。除了白金汉宫，温莎城堡是瞻仰英国皇室生活的最佳去处。

雄踞泰晤士河岸山丘上，英女王钟爱的温莎城堡每年为温莎带来数以万计的游客，现在仍是英女王消磨周末的最爱去处。

2002年，伊丽莎白女王欢度即位50周年庆时，城堡管理单位特地设计了一座新颖的纪念花园(The Jubilee Garden)，替城堡添了份划时代的对比景观，并因此改变城堡的入口处。温莎城堡分为上中下三区，由于皇室成员仍经常在此度假或举行重要国宴，因此在城堡中须依照一定路线参观。

参观重点包括：圆塔(Round Tower)、国家套房(State Apartments)、谒见厅(Audience Chamber)、滑铁卢厅(Waterloo Chamber)、女王交谊厅(Queen’s ballroom)、玛丽皇后玩偶屋(Queen Mary’s Dolls’ House)、登基50周年纪念花园(Jubilee Garden)、圣乔治礼拜堂(St. George’s Chapel)、爱伯特纪念礼拜堂(Albert Memorial Chapel)等。

伊顿学院 | Eton College

从温莎古堡走过温莎－伊顿桥(Windsor & Eton Bridge)，沿High Street步行约10分钟可达

http://www.etoncollege.com/

来到温莎，不妨横跨泰晤士河到对岸的伊顿领略伊顿学院的风采。成立于1440年的伊顿学院虽小，却有英国最高贵的学校之称，学生都是英国贵族名流之后，目前大约有1250名学生，曾教育过18名英国首相，英国王子威廉和哈里都曾在伊顿就读，皇家光芒四射。

伊顿学院不收女生，但英女王是伊顿唯一的一位女性荣誉校友。至今伊顿的学生上课仍要身着传统的正式制服，在街上遇到学校老师仍会庄严地行单指敬礼。

温莎乐高乐园

Legoland Windsor

Winkfield Road, Windsor

从温莎火车站搭乘换乘巴士直接至园内，费用€1

www.lego.com/eng/legoland/windsor/default.asp

壮观的温莎乐高乐园是英国收费名列前茅的主题乐园之一。乐园中最吸引人的是历时3年用2000万块乐高建构的迷你城(Miniland)，里面有令人叹为观止的迷你伦敦，以及儿童相当喜欢的恐龙模型。

各种游乐设施如云霄飞车、自由落体等主要面向12岁以下的小朋友。园内的现场表演每天有不同节目。

巴斯 Bath

巴斯，是伦敦西部的古老城镇，相传在公元前860年，一位王子因患麻风病被放逐至此，看到猪在热泥中打滚，师法后居然将麻风病治好了，后来登基成为英王时便兴建了这座城市。

1世纪罗马人入侵英国时，便在巴斯温泉附近广建浴池，18世纪时，巴斯逐渐成为流行的温泉度假胜地。地灵人杰的雅芳(Avon)河谷丘陵还造就了许多文学家、艺术家、音乐家、建筑师等，其中最有名的是作家简·奥斯丁，她曾在此居住一段时间，许多电影作品都在这拍摄。

从伦敦帕丁顿(Paddington)车站到巴斯Spa 站，搭乘火车约需1小时25分，两地间火车车次密集。巴斯市镇不大，皇家新月楼与市镇中心只有个7~8分钟的步行距离，步行其间非常怡人。

巴斯旅客中心提供免费的徒步之旅，以及免费刊物*This Month in Bath*，内有详细的巴斯活动日程。

Abbey Chambers, Abbey Church Yard

www.visitbath.co.uk

罗马浴池博物馆

Roman Baths Museum

Abbey Church Yard www.romanbaths.co.uk

对罗马人来说，澡堂是社交活动的重要场所，从一个人洗澡时使用的香料、按摩油的质量、随从人数的多寡，都可看出其社会地位的高低，许多商业交易也都在澡堂中进行。

罗马浴池泡澡的程序是，先到运动室、游戏室活动一下，松弛身体，然后再进行土耳其浴，最后到冷池中浸泡。

现今的巴斯建筑物多为18、19世纪所建，唯一存留的罗马遗迹位于地面下6米，其中最著名的是罗马浴池博物馆中的几个浴池，如大浴池、国王浴池(King's Bath)的温泉等，以及水和智慧女神Sulis Minerva的镀铜神像。

巴斯修道院

Bath Abbey

12 Kingston Buildings
www.bathabbey.org/

位于市中心的巴斯修道院建于8世纪，1499年由Oliver主教重建。修道院正面是天使攀爬亚各的天梯通往天堂景象的石刻。最醒目的是，正前东方的雄伟彩色玻璃，以56块玻璃上的56个情景叙述了耶稣生平的种种事迹，包括耶稣诞生到33岁被钉在十字架上其间的许多故事。修道院西面则说明了当初上帝在主教Oliver King梦中，指示如何建造教堂的故事。

莎莉露之屋

Sally Lunn's

4 North Parade Passage
www.sallylunns.co.uk/

莎莉露，是300年前来自法国的移民，来到英格兰后以烘焙面包维生，她做的大圆面包，直径将近20厘米，以独特的口感成为乔治王时代最受欢迎的美食。这里的面包可以添加不同口味的果酱，或培根、色拉、鲔鱼、西红柿等配料。下午茶套餐(Sally Lunn Cream Tea)有半个圆面包，咖啡或茶；晚上提供浪漫的烛光晚餐，最好事先订位。

皇家新月楼

Royal Crescent

No1 Royal Crescent
www.bath-preservation-trust.org.uk/museums/no1/

皇家新月楼，是由小约翰·伍德(John Wood)设计的18世纪的建筑极品，是巴斯最引人入胜的古典壮丽建筑。它由30幢房子连接成完美的半月圆弧形，显现高雅贵族之风，被誉为英国最高贵的街道。约克公爵曾居住于此。目前一号为博物馆，其他改建为华丽的新月楼旅馆(Royal Crescent Hotel)。

苏格兰

从英格兰搭火车北上苏格兰，高地风情展露无遗。除了闻名遐迩的爱丁堡国际艺术季之外，苏格兰人独特的民族性、香醇的威士忌与穿着苏格兰呢裙的风笛手，令游客流连忘返。

爱丁堡 Edinburgh

雄踞死火山岩的爱丁堡城堡与皇家英里大道是爱丁堡的主要命脉，爱丁堡历史遗迹在此展现无遗，古老的房舍建筑诉说着苏格兰先民在此的奋斗史，仅存的城堡宫殿也见证了苏格兰与英格兰的血泪冲突。探索看似浪漫的爱丁堡，不仅要从它多样的艺术面着手，更要深入她的历史渊源，才会有深刻体验。

从伦敦国王十字(King' s Cross)火车站至爱丁堡，约需4.5小时。爱丁堡市区由Lothian和First Edinburgh两家巴士联合经营，游客可上车购票，短程票价约80便士，一日2.5英镑。另有爱丁堡通行证(Edinburg Pass)可免费参观30个景点，并提供车资、游程、商店和餐厅等优惠。

爱丁堡旅客中心提供订房、兑币、旅游咨询等服务，免费地图和旅游指南备索。从爱丁堡火车站往王子街方向出口，经过一小段斜坡后左转至购物中心即可看到。

3 Princes St.

www.edinburgh.org

王子街 Princes Street

www.Princes-street.com

王子街是爱丁堡最繁忙的商业大道，也是从火车站抵达爱丁堡的游客首先到达的地方。从游客中心旁的王子购物中心(Princes Mall)开始，整条街上都是购物商店、百货公司和书店，包括Waterstones、Disney Store、Mark & Spences、Jaeger、Next、Laura Ashey、Gap等，应有尽有。

苏格兰威士忌中心

Scotch Whisky Heritage Center

354 Castle Hill

www.whisky-heritage.co.uk

苏格兰威士忌的主要产区有四个，分别为Highland、Lowland、Islay和Campbeltown，其中高地的斯佩塞(Speyside)更是最著名的威士忌产地，想要一探苏格兰威士忌的奥妙，就一定要到爱丁堡城堡旁的苏格兰威士忌中心瞧瞧。

苏格兰威士忌中心以主题导引的方式，给参观者提供基本的威士忌知识，并免费品尝纯正苏格兰威士忌的风味，参观过程约1小时。

爱丁堡城堡

Edinburgh Castle

Castle Hill

www.edinburghcastle.biz/

爱丁堡城堡耸立在死火山岩顶上，居高俯视市区，每年8月在此举办的军乐队分列式(Military Tattoo)，更将爱丁堡城堡庄严雄伟的气氛推到最高点。它同时也是苏格兰国家战争博物馆、苏格兰联合军队博物馆所在地。

从皇家英里大道进入爱丁堡城堡，沿坡旋绕而上分为Lower Ward、Middle Ward、Upper Ward等区域，共有数十个参观点，其中以圣玛格丽特礼拜堂(St. Margaret's Chapel)最知名，为爱丁堡现存的最古老的建筑；军事监狱曾囚禁拿破仑的军队，墙上仍留着法国军队抓刻的指痕。

城堡内著名的Mons Meg炮于1449年时在比利时建造，经过200多年多次战役后，于1829年重回爱丁堡，现在安置在地窖(Castle Vaults)中。宫殿(Palace)里有不少苏格兰宝物，如1540年设计的苏格兰王冠，它与其他的皇杖、剑等文物置于皇冠室中。

皇家英里大道

Royal Mile

从西至东分别为Castle Hill、Lawnmarket、High Street和Canongate

www.edinburgh-royalmile.com/

皇家英里大道是爱丁堡最著名的地区，大道两端分别为爱丁堡城堡和荷里路德宫，都是苏格兰以往重要的皇家居所。以皇家英里大道为中心的区域称为旧城区(Old Town)，北边王子街以北则为新城区(New Town)。来到爱丁堡一定要先到旧城区游历一番，再到新城区体验爱丁堡现代的一面。

幽灵餐厅

Witchery Restaurant

352 Castle Hill www.whitchery.com/

这家餐厅在爱丁堡可是闻名遐迩，总是座无虚席。从一楼窄门通过一段小小的走道，再转向地下室，空灵、神秘的气氛迎面而来，昏暗的室内光线与半挑高的天井搭配出诡异的组合，轻声细语的顾客和专业、不多话的侍者，更让餐厅内充满奇妙的空气。

幽灵餐厅每天晚上推出不同主题的神秘幽灵之旅，分为Ghost & Gore Tour与Murder & Mystery Tour两种，都是从幽灵餐厅外出发。

荷里路德宫

The Palace of Holyroodhouse

bookinginfo@royalcollection.org.uk www.royal.gov.uk/OutPut/Page559.asp

皇家英里大道的另一头是荷里路德宫和荷里路德公园。荷里路德宫是英女王来到苏格兰的皇室住所，见证了许多苏格兰的历史事件，它由詹姆斯五世于1498年所建。

荷里路德宫的前身是荷里路德修道院(Holy Rood Abbey)，目前仍有部分遗迹在宫殿中。传说1128年时，苏格兰国王戴维一世到森林狩猎，奇迹般的从一只狂暴野鹿的攻击中死里逃生，因此建造了荷里路德修道院来感谢神迹，现在的荷里路德公园就是当初那片广大森林的一部分。

荷里路德宫另一个传说，是关于苏格兰玛丽女王(Queen Mary)的。玛丽女王号称当时最美丽的女人，15岁嫁给法国王室，19岁丈夫去世又回到苏格兰，在民众拥戴中登上王位，但是却被指控谋杀第二任丈夫；她在第三次结婚后不久遭逢叛变，仓皇逃往英格兰，被囚禁19年，最后以图谋英格兰王位之罪名被处死。

搭火车游欧洲
EXPLORE EUROPE BY TRAIN

除了英国之外，在欧洲大陆进行跨国旅游并没有想象中的困难，这是因为许多跨国列车的路线早已行之有年，通常只要参考欧铁现有的跨国系统，如行驶英、法、比等国的欧洲之星（Eurostar），或是跨越法、德的子弹列车（TGV）等，就可以轻易地进行跨国之旅。

从中国直飞欧洲的航班不少，你可以搭配不同的欧洲进出点，让你的旅程充满创意。

撰文、摄影◎MOOK编辑部

跨国旅游建议行程

撰文◎朱月华、许斐莉

轻松跨国游

欧洲申根签证让跨国旅游不再是件麻烦事，更何况只要坐在火车上就可以等待移民官前来查验证照，省却搭机跨国旅行时排队验照的麻烦。

本篇所介绍的建议路线皆以欧洲主要航点作为起讫点，并针对适用票种给予建议；让具备游欧经验的玩家也能举一反三，设计出自己的独家行程。

天数决定票种

如果你打算停留两周，买张欧洲联营火车票(Eurail)拜访两三个国家最从容；如果有1个月以上的假期，也不在乎走马看花，那么就带张多国通用的欧洲联营火车票踏遍法、德、瑞、意、西、葡，不论你如何决定，记得选择彼此相邻的国家，以免浪费时间跨越国境。

在考虑旅游的国家时，同时得注意首站和终站，这关系着购买机票，每家航空公司进出欧洲的地点均不相同，航点多的航空公司当然是最佳选择。虽然中国直飞欧洲的航点不少，但若是旅游版图较辽阔，那么通过第三国转机就是无可避免的选择。

特别注意英国

若你的行程中包含英国，那么建议你最好以英国伦敦为首站。一般来说，若是游欧经验较少者，我们通常建议单国游，特别是英国，由于它的火车系统独立性高，加上地理位置也独立于欧陆之外，因此若打算将英国列为跨国游的挑战目标，就需要更精确的行程规划。

这是因为，英国为海岛国家，若不以其为首站或终站，就必须穿越使用渡轮或跨海的欧洲之星列车往来英吉利海峡两趟。再者，英国并不隶属欧洲火车联营票通行的国家，这将使你的交通预算增加不少。

避免重复路线

在规划跨国旅游路线时，最好能成一直线或圆圈，尽量避免走重复的路程，减少浪费时间与金钱。

此外，别将行程安排得太紧凑，因旅途中难免会遇上一些无法预知的突发状况，因地制宜更改行程是在所难免，因此，行程需具有弹性，别被严密的行程限制住了。

行程设计范例 A （巴黎进/布达佩斯出）

欧洲经典艺术大城路线

行程特色 可游历法、意、瑞的重点城市，以及东欧最具艺术气息的维也纳及布达佩斯。

适用票种 “欧洲任选5国火车通行证”(Eurail Select Pass)，或“欧洲20国火车通行证连续使用15天票种”(Eurail Global Pass)。

游历国家 法、瑞、意、奥、匈5国。

行程设计范例 B High Tech 极致路线（法兰克福进/赫尔辛基出）

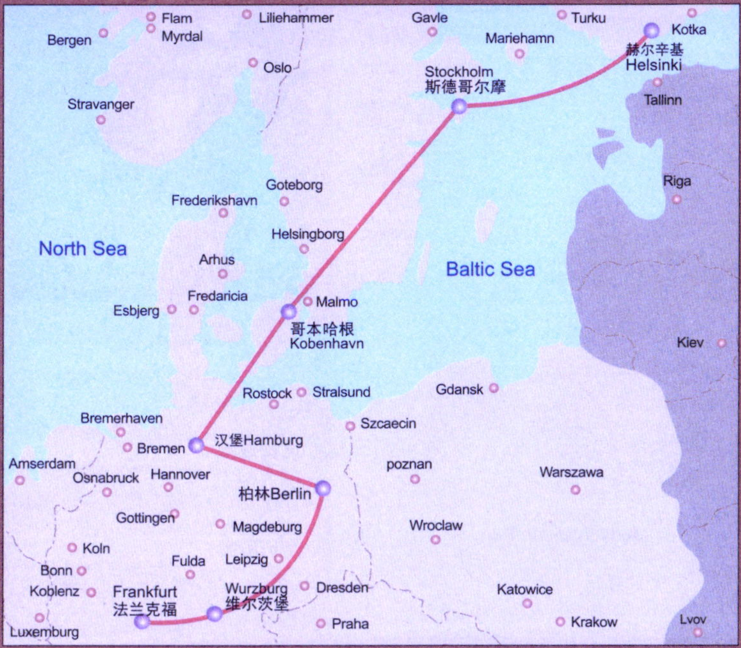

行程特色

可游历德国东部、德国西部及北欧经典大城，并能体验欧铁最先进的软硬件设施。

适用票种

“欧洲任选4国火车通行证”（Eurail Select Pass），或“欧洲20国火车通行证弹性使用10天票种”（Eurail Global Pass）。

游历国家

德国、丹麦、瑞典、芬兰4国。

行程设计范例 C 西欧精华路线（阿姆斯特丹进/维也纳出）

行程特色

可游历西欧三小国及主要德语国家。

适用票种

“欧洲任选5(3)国火车通行证”（Eurail Select Pass），或“欧洲联营火车票弹性使用10天票种”（荷、比、卢在通行证中视为一国）。

游历国家

荷、比、卢、德、奥5国。

行程设计范例 D 香颂与弗拉曼柯路线（巴黎进／马德里出）

行程特色

可一次体验法国最具代表性的4座大城，以及西班牙两大城。

适用票种

“法国、西班牙火车通行证”(Eurail France–Spain Pass)。

游历国家

法、西两国。

行程设计范例 E 欧洲最美湖光山色路线（苏黎世进／雅典出）

行程特色

可遍览欧洲最美的阿尔卑斯山及爱琴海风情。

适用票种

欧洲任选3国火车通行证(Eurail Select Pass)。

游历国家

瑞、意、希3国。

挑战极限 20国任你游

有一种旅人，喜欢像拼图一般，一片片拼凑出自己的旅游地图。如果你也是这样的勇者，那么肯定不会错过欧洲火车联票中的最高难度的票种——20国联票，挑战20国任你游。

有谁会闲着没事出门一趟非得玩20国不可？答案是，每逢寒暑假便爱离家出走的学生或老师。据了解，欧洲火车联票（通行证）的票种那么多，只有20国的联票最难卖，也最好卖。这是因为通常会使用20国联票的旅游玩家，都是老手，在购票之前早已精打细算一番，所以绝对不会拉着旅行社人员问一堆路线设计的问题，这样的族群通常都会让旅行社员工甘拜下风。

如果你也是想要一次挑战20国的勇者，可能已经没有阅读此文的必要，不过，在此还是提供几个技术上的问题，供诸位精打细算的玩家们参考。

玩6国以上就得买20国联票

这是因为在欧铁联票/通行证的系统中，最多只有5国的联票，因此若你想玩6个以上的国家，就得买20国联票。

20国联票的票种分为两大类：可连续使用的票种（包含可连续使用15天、21天、1个月、2个月、3个月等），以及2个月内任选10天或15天的票种。两者的差别在于，前者一旦开始使用，可以在有效的时间内任意搭乘，若在1月1日开始搭乘，就得把握机会在接下来的14天中充分使用，爱搭几次就几次。而后者的使用方式则为，以同例而言，若在 1月1日开始使用联票，那么可以在2个月内任选15天无限制搭乘火车。两者的差别在于使用有效期的急迫性。

价差也是考虑因素。以20国可连续使用15天的票种来说，票价为€503，而2个月内任选15天的票种票价为€781。（以上票价视汇率有所波动）

20国不含捷克、波兰

可别以为一张20国的联票就可以将欧洲全走遍了，在20国的限制中，东欧国家中最热门的捷克与波兰并不含在内，但包含匈牙利。若想征服东欧，那么有几种选择——另购捷克单国的通行证，或是东欧5国的大补帖（奥、捷、匈、 波兰、斯洛伐克）。

不过，旅游业者表示，未来欧铁也有可能针对东欧国家进行20国的重整，毕竟东欧国家中仍以捷克最具旅游魅力。

此外，英国向来也喜欢搞独家，因此20国联票并不适用于英铁，得另行购买英国单国通行证。

20国行程挑战IQ

20国的行程想要走得顺并不容易，特别是又不能走重复路线浪费了火车票。除了可以利用中国直飞欧洲的航点如阿姆斯特丹、法兰克福、罗马、维也纳、布拉格进出之外，欧铁达人余俐臻建议，可以用画圈圈的方式来串联游程。例如，以德国为中心，玩完邻国之后再回到法兰克福。以此类推，因此行程变化可以非常多样。

此外，余俐臻还认为，要在15天内走看20国，未必能玩得深入。因此，20国联票比较适合想要弹性旅游多国者；若想真的深入挑战20国，那么光凭一张20国的联票可能还是不够用，得再搭配其他的多国联票，甚至欧陆飞机。

玩乐涂鸦

旅途趣事

我的游乐地图

北京市版权局著作权合同登记图字：01-2009-6180
策划编辑：冉　颖
责任编辑：巨瑛梅

图书在版编目（CIP）数据
搭火车游欧洲／许斐莉、墨刻编辑部编著、墨刻摄影组摄. —北京：旅游教育出版社，2010.1
ISBN 978-7-5637-1938-9
Ⅰ. ①搭… Ⅱ. ①许… ②墨… Ⅲ. ①旅游指南—欧洲 Ⅳ. ①K950. 9
中国版本图书馆CIP数据核字（2009）第235618号

搭火车游欧洲

许斐莉、墨刻编辑部 编著　墨刻摄影组 摄影

出版单位：旅游教育出版社
地　　址：北京市朝阳区定福庄南里1号
邮　　编：100024
发行电话：（010）65778403 65728372 65767462（传真）
E-mail ：tepfx@163.com
排版单位：北京润和佳艺工作室
印刷单位：北京中科印刷有限公司
经销单位：新华书店
开　　本：787×1092 1/16
印　　张：12
字　　数：223千字
版　　次：2010年1月第1版
印　　次：2010年1月第1次印刷
印　　数：1-8000册
定　　价：40.00元

（图书如有装订差错请与发行部联系）